LAROUSSE
des Maternelles

LAROUSSE

21, RUE DU MONTPARNASSE 75283 PARIS CEDEX 06

EJ

Direction éditoriale
Micheline Sommant

Responsable éditoriale
Catherine Boulègue

Rédaction
Patricia Maire

Nicole Rein-Nikolaev
avec la collaboration de Vonny Dufossé, conseillère pédagogique

Conception graphique et maquette
Geneviève Chaudoye

Mise en page des planches
Frédérique Buisson

Responsable des dessins
Jacqueline Pajouès

Illustrations
Danièle Schulthess
et Isabelle Arslanian, Chantal Beaumont, Laurent Blondel, Annette Boisnard,
Frank Bouttevin, Bénédicte Carraz, Catherine Claveau, Marie-Marthe Collin,
Gismonde Curiace, Pierre-Emmanuel Dequest, Jérôme Eho, Cathy Gaspoz,
Noëlle Le Guillouzic, Jean-Luc Maniouloux, Annie-Claude Martin, Frankie Merlier,
Agnès Perruchon, Christine Ponchon, François Poulain, Marc Pouyet, Philippe Rasera
Archives Larousse
et Paul Bontemps, Vincent Boulanger, Jacques Cartier, Frédérique Collinet,
Fabrice Dadoun, Bruno David, Christian Godard, Jean-Louis Henriot, Brenda Katté,
Yves Larvor, Marc Legrand, Gilbert Macé, Emmanuel Mercier, Florence Meunier,
Patrick Morin, Behzad Nahed, Jocelyne Ortega, Jean-Marc Pariselle, Claude Poppé,
Bernard Rocamora, Alain Rolland, Dominique Roussel, Dominique Sablons,
Michel Saemann, Tom Sam You, Léonie Schlosser, Jean-Claude Sénée,
Masako Taëron, Patrick Taëron, Amélie Veaux, Denise Weber

Iconographie
Marie Vorobieff

Lecture-correction
Annick Valade
assistée de Chantal Barbot et Françoise Mousnier

Fabrication
Marlène Delbeken

Distributeur exclusif au Canada : Messageries ADP, 1751 Richardson, Montréal (Québec)
ISBN : 2-03-532051-8

pour Mar...

pour Julien et Nicolas

pour Marie

pour Julie

pour Louise

pour Térence et Julie

héo et Andréas

Inès Benlaribi

pour Pierre

pour Charles et Hugo

pour Sarah

Thibault

pour Alice

pour Émilien

pour Sébastien

pour Antoine et Angèle

pour Étienne et Édouard

pour Aude

pour Alexandre

pour Victor

pour Nassera

ur Mehdi

pour Loïc

pour Mathilde et Julia

pour Mathieu

pour Marin

axime

pour Agnès et Jean

pour Charlotte

dric et Carole

pour Lucie

Ne jamais écrire
dans les documents
Ni les découper

ur Clara

Un dictionnaire pour les petits

Le *Larousse des maternelles* est le premier dictionnaire pédagogique d'initiation et d'apprentissage de la langue française. Il est destiné aux enfants qui ne savent pas encore lire ou qui commencent à lire. Le texte peut être lu à haute voix par un adulte. Les images permettent à l'enfant d'identifier les mots qu'il connaît déjà, et ainsi de les nommer, ou de découvrir des mots qu'il entend ou utilise, mais dont il ne connaît pas bien la signification.

C'est un vrai dictionnaire qui peut se découvrir comme un album : le texte et l'image, intimement liés, se reflètent et se complètent.

Chaque mot est défini dans un langage simple. La définition – ou les définitions quand un mot a plusieurs sens – est suivie d'un exemple qui met le mot en situation dans un contexte familier à l'enfant. L'image illustre au plus près le sens du mot expliqué.

Compléments indispensables d'un vrai dictionnaire, les synonymes, les contraires et les mots de la même famille permettent d'initier l'enfant aux rapports entre les mots. Les expressions appartenant au langage courant (comme un « froid de canard », la « chair de poule » ou une « faim de loup ») lui font découvrir la richesse de la langue française et l'emploi plus imagé des mots. Pour le plaisir enfin, une comptine ou quelques lignes d'une chanson viennent parfois rythmer les mots et ajouter une tonalité ludique.

Support des activités à l'école ou complice des lectures à la maison, le *Larousse des maternelles* est aussi un compagnon de découverte du monde grâce aux planches d'illustrations réunies en fin de volume. Sur des sujets encyclopédiques (les animaux, les arbres, les fruits et les légumes...) ou plus quotidiens (la ville, la maison, l'école...), ces planches suscitent la curiosité de l'enfant et développent son sens de l'observation.

Comment utiliser ce dictionnaire

Dictionnaire pour les petits mais aussi livre « de grands », le *Larousse des maternelles* est un outil ludique permettant d'initier les enfants aux codes et au fonctionnement d'un dictionnaire. Pour guider les petits dans leurs premiers pas, l'aide d'un adulte est bienvenue. L'enfant plus avancé dans l'apprentissage de la lecture peut y accéder de façon plus autonome.

• Les **pages de lettrines,** ouvrant chaque lettre de l'alphabet, donnent les différentes graphies de la lettre (majuscule et minuscule, scripte ou cursive). Elles sont aussi une invitation à faire deviner à l'enfant le mot illustré.

• La présence de l'**alphabet** à chaque page, sous forme de bandeau vertical, permet de repérer rapidement la lettre traitée : elle est mise en valeur et entourée d'une feuille.

• Le **mot défini,** écrit en gros caractère bleu foncé, est précédé de l'article pour préciser son genre, féminin ou masculin.

• Les **exemples** apparaissent dans un caractère différent : en italique (lettres penchées) afin de mieux les différencier de la définition stricte.

• Les **synonymes** et les **contraires** sont repérés par un code : le signe = pour les premiers, le signe ≠ pour les seconds. Pour faciliter la compréhension orale de l'enfant, ils sont introduits par une formule simple : « On dit aussi ... », pour les synonymes, ou bien « le contraire de ..., c'est ... ».

• Les **mots de la même famille,** précédés d'une petite flèche bleue, sont introduits dans une phrase courte.

• Les **renvois,** autre code familier des dictionnaires, sont volontairement limités pour ne pas « promener » inutilement le jeune lecteur. Ils ne concernent que les planches encyclopédiques et thématiques situées en fin d'ouvrage. Ces renvois figurent en fin d'article et sont écrits dans une couleur bleu pâle, afin que l'enfant puisse les repérer aisément.

Derrière la petite flèche, on trouve des mots de la même famille que le mot expliqué.

Quand il y a des numéros, c'est que le mot a des sens différents.

Au bord de la page, il y a une colonne avec l'alphabet.

La lettre jaune sur la petite feuille veut dire que tous les mots de la page commencent par cette lettre.

Derrière le signe égal, on trouve un mot qui veut dire la même chose que le mot expliqué.

Derrière le signe égal barré, on trouve le contraire du mot expliqué.

Le mot expliqué est écrit en grosses lettres.

Ces lignes avec les petites feuilles servent à séparer chacun des mots expliqués.

Cette phrase, écrite en bleu clair, indique qu'il y a une planche d'images à aller voir.

L'image met le mot en scène.

En lettres penchées, c'est l'exemple où le mot est employé dans une phrase.

Le numéro de la page.

---

a b c d e **f** g h i j k l m n o p q r s t u v w x y z

un **fils**

Le **fils** d'une personne, c'est son enfant qui est un garçon : *notre voisine a un fils.*
➤ L'enfant fille d'une personne, c'est sa fille.

finir

Finir quelque chose, c'est le faire jusqu'au bout : *quand j'ai fini de me laver, je m'habille.*
= On dit aussi terminer.
≠ Le contraire de finir, c'est commencer.
➤ Le moment où quelque chose finit, c'est la fin.

une **flamme**

Une **flamme** se dégage de quelque chose qui brûle. Elle fait de la lumière et de la chaleur, et elle a de jolies couleurs : *quand on frotte une allumette, une flamme apparaît.*

une **flèche**

1. Une **flèche** est une longue tige de bois ou de plastique pointue à un bout : *on tire des flèches avec un arc.*
➤ Une petite flèche est une fléchette.

2. Une **flèche** est un dessin qui indique dans quel sens il faut aller : *pour trouver la sortie du magasin, suivez les flèches !*

une **fleur**

Une **fleur**, c'est la partie d'une plante qui a des pétales : *certaines fleurs sentent très bon.*
➤ Quand les fleurs s'ouvrent, elles fleurissent. On achète des fleurs chez un ou une fleuriste.
Va voir « les fleurs », page 268.

un **flocon**

Un **flocon** de neige est un petit

morceau de neige, très léger : *la neige tombe du ciel en flocons.*

Liste des planches

 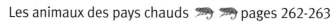

Les renvois aux planches figurent, le cas échéant,
à la fin d'un article. Ils sont écrits en lettres bleu pâle.

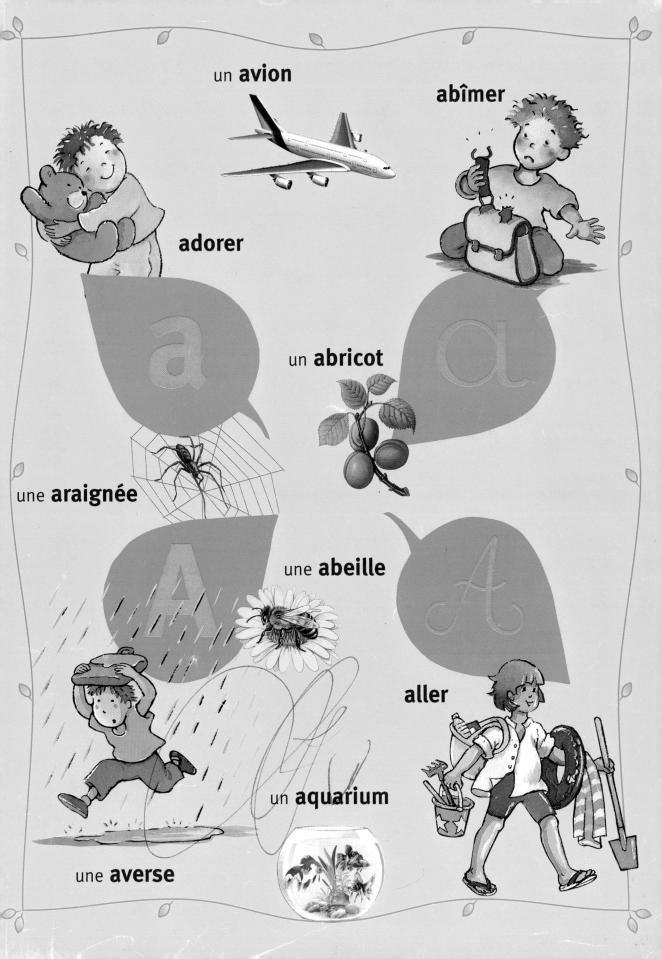

un **avion**

abîmer

adorer

un **abricot**

une **araignée**

une **abeille**

aller

un **aquarium**

une **averse**

une **abeille**

Une **abeille** est un insecte jaune et noir. Elle vole et peut piquer : *les abeilles vivent dans une ruche et fabriquent du miel avec le sucre des fleurs.*

abîmer

Abîmer ses affaires, c'est les mettre en mauvais état : *Thomas a abîmé la poignée de son cartable en le traînant par terre.*

un **abricot**

Un **abricot** est un fruit jaune foncé qui a un gros noyau : *on fait de la confiture et des tartes avec les abricots.*
➤ Les abricots poussent sur les abricotiers.

absent, absente

Être **absent**, c'est ne pas être là : *Chloé est absente de la classe parce qu'elle est malade.*
≠ Le contraire d'absent, c'est présent.

un **accident**

Un **accident**, c'est quelque chose de grave qui arrive alors qu'on ne s'y attendait pas : *il y a eu un accident de voiture sur la route.*

accompagner

Accompagner quelqu'un, c'est aller avec lui dans un endroit : *chaque matin, papa accompagne Laura à l'école.*

accrocher

Accrocher un objet, c'est le fixer au mur ou le suspendre :
*Elsa **accroche** un tableau dans la chambre de Tom.*

≠ Le contraire d'accrocher, c'est décrocher.

acheter

Acheter, c'est payer pour avoir quelque chose : *Franck **achète** un pain à la boulangerie.*
≠ Le contraire d'acheter, c'est vendre.
➤ Quand on achète quelque chose, on fait un achat.

acide

Un aliment **acide** pique un peu la langue : *le citron est **acide.***

un **acrobate,** une **acrobate**

Un **acrobate** et une **acrobate** sont des personnes qui travaillent dans un cirque. Ils sont très souples et ils peuvent faire des mouvements difficiles : *nous admirons les **acrobates.***

une **addition**

Faire une **addition,** c'est ajouter un nombre à un autre nombre :
$4 + 3 = 7$ *est une **addition.***
≠ Le contraire d'une addition, c'est une soustraction.

adorer

Adorer, c'est aimer énormément :
*Arthur **adore** son ours en peluche.*
≠ Le contraire d'adorer, c'est détester.

a b c d e f g h i j k l m n o p q r s t u v w x y z

une **adresse**

L'**adresse**, c'est l'endroit où l'on habite : *sur l'enveloppe, Claire a écrit l'adresse de Sophie :* le numéro de sa maison et le nom de sa rue, puis le nom de sa ville et celui de son pays.

adroit, adroite

Être **adroit,** c'est savoir bien se servir de ses mains : *il faut être très adroit pour faire des découpages.*
≠ Le contraire d'adroit, c'est maladroit.

un **adulte,** une **adulte**

Un **adulte** et une **adulte** sont des grandes personnes : *la maman et le papa de Carole sont deux adultes.*

un **aéroport**

Un **aéroport**, c'est l'endroit où les avions décollent et atterrissent : *on prend l'avion à l'aéroport.*

une **affiche**

Une **affiche** est une grande feuille de papier avec des mots et des images. On la colle sur un mur ou bien sur un panneau pour faire de la publicité : *Zoé regarde une affiche dans la rue.*

affreux, affreuse

Être **affreux,** c'est être très laid :
*cette sorcière est vraiment **affreuse**.*

= On dit aussi horrible.

≠ Le contraire
d'affreux,
c'est magnifique.

s'**agiter**

S'agiter, c'est bouger dans tous
les sens : *le bébé **s'agite**
dans son berceau.*

≠ Le contraire de s'agiter,
c'est se calmer.

l'**âge**

L'**âge** d'une personne, c'est le nombre
d'années qui ont passé depuis
sa naissance : *Quel **âge** as-tu ?
– J'ai 5 ans.*

un **agneau**

Un **agneau** est un jeune mouton :
*un **agneau** bêle.*

➤ La mère de l'agneau
est la brebis,
son père est le bélier.

un **agent**

Un **agent** de police est une personne
qui s'occupe de la circulation
des voitures et de la sécurité. Il porte
un uniforme : *l'**agent** de police fait
signe aux voitures
de s'arrêter.*

aider

Aider quelqu'un, c'est faire quelque
chose d'utile pour lui : *maman **aide**
Hugo à attacher ses lacets.*

un **aigle**

Un **aigle** est un grand oiseau des montagnes. Il a un bec crochu et des griffes qu'on appelle des « serres » : *un aigle se nourrit de petits animaux.*

➤ Le petit de l'aigle est l'aiglon.

une **aiguille**

1. Une **aiguille** est une petite tige fine en métal qui sert à coudre : *une aiguille a un bout pointu et un petit trou pour passer le fil.*

2. Les **aiguilles** d'une pendule montrent l'heure : *la petite aiguille est sur le 4 : il est quatre heures !*

une **aile**

Les **ailes** servent à voler : *les oiseaux ont deux ailes ; les papillons ont quatre ailes.*

ailleurs

Aller **ailleurs**, c'est aller dans un autre endroit : *ne reste pas dans la cuisine, va jouer ailleurs !*

= On dit aussi autre part.

≠ Le contraire d'ailleurs, c'est ici.

aimer

1. Aimer, c'est se sentir heureux d'être avec une personne : *Pascal aime beaucoup sa petite sœur.*

2. Aimer, c'est avoir du plaisir à faire quelque chose : *Iris aime bien faire de la trottinette.*

l'**air**

1. L'**air,** c'est ce qu'on respire : *on ne pourrait pas vivre sans air.*

2. Regarder en l'**air,** c'est regarder vers le haut, vers le ciel : *regarde en l'air, il y a un bel oiseau !*

3. L'**air** d'une chanson, c'est sa musique : *je connais l'air de « Mon beau sapin ».*

ajouter

Ajouter, c'est mettre quelque chose en plus : *j'ajoute souvent du sucre dans mon yaourt.*
≠ Le contraire d'ajouter, c'est enlever.

un **album**

1. Un **album** de photos est une sorte de gros cahier qui sert à ranger des photos : *Agnès classe les photos des vacances dans l'album.*

2. Un **album** est un livre avec des images qui racontent une histoire : *j'ai plusieurs albums de bandes dessinées.*

une **algue**

Une **algue** est une plante qui pousse dans l'eau : *il y a des algues dans la mer.*

un **aliment**

Un **aliment** sert à se nourrir : *le lait, les œufs, la viande, le pain, le fromage, le poisson, les légumes, les fruits sont des **aliments**.*
➤ On achète les aliments dans un magasin d'alimentation.

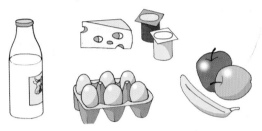

aller

1. Aller quelque part, c'est se déplacer jusqu'à cet endroit : *Léa est contente d'**aller** à la plage.*

2. Aller bien, c'est se sentir bien, c'est être en bonne santé : *Comment allez-vous ? – Je vais bien.*
3. S'en aller, c'est quitter un endroit : *après la classe, les enfants s'en vont.*
= On dit aussi partir.
≠ Le contraire de s'en aller, c'est arriver.

s'**allonger**

S'allonger, c'est se coucher :
Julien aime s'allonger dans l'herbe
pour regarder les nuages.
= On dit aussi s'étendre.

allumer

1. Allumer quelque chose,
c'est y mettre le feu,
c'est l'enflammer :
maman allume
les bougies
avec une
allumette.
2. Allumer
une lampe,
c'est appuyer sur le bouton pour que
la lampe éclaire : *tu ne vois pas bien,*
tu devrais allumer ta lampe !
≠ Le contraire d'allumer,
c'est éteindre.

l'**alphabet**

L'alphabet, ce sont les 26 lettres
qui servent à écrire : *l'alphabet*
commence par la lettre A
et finit par la lettre Z.

une **ambulance**

Une **ambulance** est une grande
voiture qui sert à transporter
les personnes blessées ou malades :
l'ambulance roule vite pour aller
à l'hôpital.

amer, amère

Un aliment **amer** a un goût
particulier, qui n'est ni doux ni sucré :
les endives sont parfois amères.

un **ami,** une **amie**

Un **ami,** une **amie,** c'est quelqu'un
qu'on aime bien : *Léo est le meilleur*
ami de Romain.
≠ Le contraire d'un ami,
c'est un ennemi.

s'amuser

S'amuser, c'est faire des jeux et être content : *Julie **s'amuse** bien avec sa poupée.*

= On dit aussi jouer.

➤ Quand on s'amuse, on fait quelque chose d'amusant.

un **animal**

Les **animaux** sont des êtres vivants qui bougent, mangent, font des petits mais qui ne parlent pas : *les chiens, les oiseaux, les serpents, les insectes sont des **animaux.***

Va voir « les animaux », page 258.

une **année**

Une **année** commence le 1er janvier et finit le 31 décembre. Elle a douze mois : *le jour de mon anniversaire, j'ai une **année** de plus.*

= On dit aussi un an.

un **ananas**

Un **ananas** est un gros fruit sucré. Il est recouvert d'une peau très épaisse : *les **ananas** poussent sur une plante des pays chauds.*

un **anniversaire**

L'**anniversaire** d'une personne, c'est le jour de sa naissance, qu'on fête chaque année : *c'est l'**anniversaire** de Luc, il a 5 ans.*

un **âne**

Un **âne** est un animal qui a des poils gris ou bruns et de longues oreilles : *un **âne** ressemble à un petit cheval.*

➤ La femelle de l'âne est l'ânesse. Le petit est l'ânon.

*Bon **anniversaire***
Nos vœux les plus sincères
Que ces quelques fleurs
Vous apportent le bonheur !

apercevoir

Apercevoir, c'est voir, mais pas très bien, quelque chose ou quelqu'un qui est loin : *j'aperçois un nid dans l'arbre.*

apparaître

Apparaître, c'est être là tout à coup : *les étoiles apparaissent quand la nuit tombe.*
≠ Le contraire d'apparaître, c'est disparaître.

un **appareil photo**

Un **appareil photo** sert à prendre des photos : *papa essaie son nouvel appareil photo.*

appartenir

Quand une chose **appartient** à quelqu'un, elle est à lui : *le livre rouge appartient à Julie.*

appeler

1. **Appeler** une personne ou un animal, c'est leur demander de venir : *mamie nous appelle pour le goûter.*
2. **Appeler** une personne, c'est lui téléphoner : *maman m'appelle du bureau.*

3. **S'appeler**, c'est avoir un nom précis : *mon chien s'appelle Filou.*
= On dit aussi se nommer.

l'appétit

L'appétit, c'est l'envie de manger : *Charlotte a repris du poulet deux fois, car elle a bon appétit.*
➤ Un plat qui donne de l'appétit est appétissant.

applaudir

Applaudir, c'est frapper dans ses mains pour montrer qu'on est content : *à la fin d'un spectacle, tout le monde **applaudit** pour remercier les artistes.*

s'**appliquer**

S'appliquer, c'est faire très attention à ce qu'on fait pour que ce soit réussi : *je **m'applique** pour faire un joli dessin.*

apporter

Apporter quelque chose, c'est le porter dans un endroit : *le père Noël **apporte** les cadeaux.*

apprendre

1. Apprendre, c'est découvrir quelque chose qu'on ne savait pas avant : *nous venons d'**apprendre** que Fabrice allait se marier.*

2. Apprendre, c'est montrer comment faire quelque chose : *papa **apprend** à Loïc à se servir de l'ordinateur.*

s'**approcher**

S'approcher, c'est venir plus près : *François **s'approche** du tableau pour l'admirer.*

≠ Le contraire de s'approcher, c'est s'éloigner.

appuyer

1. Appuyer, c'est mettre le doigt ou la main sur quelque chose et pousser : *Camille **appuie** sur le bouton de la sonnette.*

2. S'appuyer, c'est poser une partie de son corps contre quelque chose : *Adrien **s'appuie** contre un rocher pour se reposer.*

après

1. Après, c'est plus tard : *Paul est arrivé **après** toi.*
2. Après, c'est plus loin : *l'école est **après** la poste.*
≠ Le contraire d'après, c'est avant.

un **aquarium**

Un **aquarium** est un récipient en verre. On le remplit d'eau pour y faire nager des poissons : *Alex a de jolis poissons dans son **aquarium**.*

une **araignée**

Une **araignée** est une petite bête qui a huit pattes et pas d'ailes : *l'**araignée** fabrique une toile pour attraper les insectes.*

*L'**araignée** Tipsi
Monte à la gouttière.
Tiens, voilà la pluie
Tipsi tombe par terre...*

un **arbre**

Un **arbre** est une très grande plante qui a un tronc, des branches et des feuilles : *un platane, un peuplier, un sapin sont des **arbres**.*
➤ Un petit arbre est un arbuste.
Va voir « les arbres », page 266.

un **arc**

Un **arc** est une arme
qui sert à lancer
des flèches :
*Romain apprend
à tirer à l'arc.*

l'**argent**

L'**argent,** ce sont les billets
et les pièces qui servent à payer :
*j'ai sorti mon **argent** de ma tirelire.*

un **arc-en-ciel**

Un **arc-en-ciel** apparaît dans le ciel
quand il y a du soleil et de la pluie
en même temps : *à la fin d'un orage,
on peut voir un **arc-en-ciel**.*

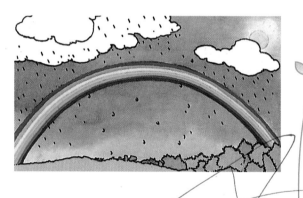

une **arme**

Une **arme** est un objet
qui sert à se battre ou à chasser :
*un fusil, un pistolet, un poignard,
une épée, un canon sont des **armes**.*

arracher

Arracher, c'est enlever quelque chose
en tirant fort : *Gaétan **arrache**
les mauvaises herbes dans le potager.*

une **arête**

Les **arêtes** sont les petits os pointus
du poisson : *quand on mange
du poisson, il faut faire attention
de ne pas avaler
les **arêtes**.*

arrêter

1. Arrêter, c'est empêcher de passer : *l'agent de police arrête les voitures au carrefour.*

2. S'arrêter, c'est ne plus avancer : *la voiture jaune s'est arrêtée au feu rouge.*

l'arrière

L'**arrière,** c'est la partie qui est derrière : *les enfants s'assoient à l'arrière de la voiture.*

≠ Le contraire de l'arrière, c'est l'avant.

arriver

1. Arriver, c'est venir jusqu'à un endroit : *le bateau arrive au port.*
≠ Le contraire d'arriver, c'est partir.
➤ Le moment et l'endroit où l'on arrive, c'est l'arrivée.

2. Arriver à faire quelque chose, c'est réussir à le faire : *mon frère arrive à nager sans bouée.*

arroser

Arroser, c'est verser de l'eau sur les plantes : *Pauline regarde mamie arroser les plantes.*

➤ Un arrosoir et un tuyau d'arrosage servent à arroser.

un **ascenseur**

Un **ascenseur** est un appareil qui transporte les personnes d'un étage à un autre : *notre voisin sort de l'ascenseur.*

un **aspirateur**

Un **aspirateur** est un appareil électrique. Il sert à enlever la poussière qui est sur le sol : *on passe l'aspirateur quand on fait le ménage.*

assembler

Assembler des choses, c'est les mettre ensemble dans un certain ordre : *Julien **assemble** les pièces de son jeu.*

s'**asseoir**

S'asseoir, c'est poser ses fesses sur quelque chose : *le soir, maman **s'assoit** dans un fauteuil pour lire le journal.*
≠ Le contraire de s'asseoir, c'est se mettre debout ou se lever.

une **assiette**

Une **assiette** est un objet qui sert à mettre les aliments : *il y a des **assiettes** plates et des **assiettes** creuses.*

un **astronaute**, une **astronaute**

Un **astronaute** et une **astronaute** sont des personnes qui voyagent dans une fusée pour aller très loin dans le ciel : *les **astronautes** voyagent dans l'espace.*
= On dit aussi un cosmonaute.

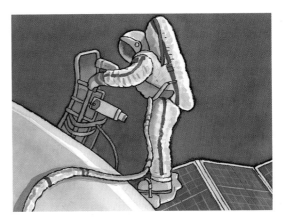

attacher

1. Attacher, c'est faire tenir une chose avec, par exemple, une ficelle, un ruban ou un élastique : *la vendeuse **attache** le paquet cadeau avec un ruban.*

2. Attacher, c'est fixer l'un à l'autre les deux bouts d'une chose : *Leïla **a attaché** sa ceinture de sécurité.*
≠ Le contraire d'attacher, c'est détacher.

attaquer

Attaquer, c'est se jeter sur une personne ou sur un animal pour leur faire du mal : *le chat attaque une souris.*

attendre

Attendre, c'est rester à un endroit jusqu'à l'arrivée de quelqu'un ou de quelque chose : *les voyageurs attendent le train sur le quai de la gare.*

attention

Faire **attention,** c'est bien regarder ce qu'on fait ou bien écouter : *nous faisons très attention avant de traverser la rue.*

atterrir

Quand un avion **atterrit,** il se pose à terre : *l'avion va atterrir sur la piste de l'aéroport.*

≠ Le contraire d'atterrir, c'est décoller.

➤ Le moment où l'avion atterrit, c'est l'atterrissage.

attraper

1. Attraper, c'est réussir à prendre une chose ou une personne qui bouge : *Damien essaie d'attraper son ballon.*

2. Attraper une maladie, c'est être malade : *Lucie a attrapé la varicelle.*

aujourd'hui

Aujourd'hui, c'est le jour où nous sommes : *aujourd'hui, c'est mercredi, nous allons à la piscine.*

ausculter

Ausculter quelqu'un, c'est écouter le bruit de sa respiration et de son cœur : *le médecin ausculte le malade.*

une **auto**

Une **auto** est un véhicule qui a quatre roues et un moteur. Elle sert à transporter des personnes : *il faut être prudent quand on conduit une auto.*
= On dit aussi une automobile ou une voiture.
➤ La personne qui conduit une auto est un ou une automobiliste.

l'**automne**

L'**automne**, c'est la saison qui vient après l'été et avant l'hiver : *en automne, beaucoup d'arbres perdent leurs feuilles.*

La feuille d'automne
Emportée par le vent
En ronde monotone
Tombe en tourbillonnant.

une **autoroute**

Une **autoroute** est une large route divisée en deux parties. Sur chaque partie, toutes les voitures roulent dans le même sens : *les piétons ne doivent pas aller sur l'autoroute.*

autrefois

Autrefois, c'est il y a longtemps : *autrefois, il n'y avait pas de voitures ni d'avions.*

une **autruche**

L'**autruche** est le plus grand de tous les oiseaux. Elle court très vite, mais elle ne peut pas voler parce que ses ailes sont trop petites : *l'autruche vit dans les pays chauds.*
➤ Le petit de l'autruche est l'autruchon.

avaler

Avaler, c'est faire descendre dans sa gorge ce qu'on mange ou ce qu'on boit : *quand on a mal à la gorge, on a du mal à avaler.*

avancer

Avancer, c'est aller vers l'avant : *Manon avance à petits pas.*
≠ Le contraire d'avancer, c'est reculer.

avant

1. Avant, c'est plus tôt : *Marie est arrivée avant moi.*
2. Avant, c'est moins loin : *le garage est avant le carrefour.*
≠ Le contraire d'avant, c'est après.

une **averse**

Une **averse** est une grosse pluie qui ne dure pas longtemps : *Antoine a été surpris par une averse.*

un **aveugle,** une **aveugle**

Un **aveugle** et une **aveugle** sont des personnes qui ne peuvent pas voir : *les aveugles marchent dans la rue avec une canne blanche et ils ont parfois un chien pour les guider.*

un **avion**

Un **avion** est une machine qui vole. Il a deux ailes et un ou plusieurs moteurs. Il sert à transporter des personnes et des choses : *on prend souvent l'avion pour aller à l'étranger.*

avoir

1. Avoir, c'est posséder : *j'ai une bicyclette neuve.*
2. Avoir quelque chose à faire, c'est devoir le faire : *nous avons un travail à faire.*

bâiller

des **bulles**

une **bougie**

des **boutons**

des **boucles**

un **bec**

une **biche**

une **banane**

bousculer

une **balançoire**

un **bagage**

Les **bagages,** ce sont les valises
et les sacs qu'on emporte en voyage :
*Adrien aide son père à fermer
les* **bagages.**

se **bagarrer**

Se bagarrer, c'est donner des coups
avec les mains ou avec les pieds :
la maîtresse ne veut pas voir d'enfants
se bagarrer *à l'école.*
= On dit aussi se battre.
➤ Se bagarrer, c'est faire une bagarre.

une **bague**

Une **bague** est un bijou
qu'on met
au doigt :
*maman a eu
une* **bague**
*magnifique
pour son
anniversaire.*

une **baguette**

1. Une **baguette**
est un bâton long
et mince : *la fée
a une* **baguette**
magique.

2. Une **baguette** est un pain long
et mince : *on achète une* **baguette**
chez le boulanger.

se **baigner**

Se baigner, c'est se mettre dans l'eau
pour s'amuser ou pour nager :
les enfants **se baignent** *dans le lac.*
➤ Se baigner, c'est aussi prendre
un bain, se laver dans une baignoire.

une **baignoire**

Une **baignoire** est une sorte de bassin
qu'on remplit d'eau chaude
pour prendre un bain et se laver :
la **baignoire** *est dans la salle de bains.*

bâiller

Bâiller, c'est ouvrir grand la bouche sans le faire exprès quand on a sommeil : *Théo met sa main devant sa bouche quand il **bâille.***

un **baiser**

Donner un **baiser,** c'est poser ses lèvres sur la joue ou sur les lèvres de quelqu'un : *maman vient me donner un **baiser** le soir dans mon lit.*
= On dit aussi une bise ou un bisou.

baisser

1. Baisser une chose, c'est la mettre plus bas : *il faudrait **baisser** un peu la corde pour que Pauline arrive à sauter.*
≠ Le contraire de baisser, c'est lever ou monter.

2. Se baisser, c'est se mettre plus bas : *Aziz **se baisse** pour embrasser la petite Nassera.*
= On dit aussi se pencher.

une **balançoire**

Une **balançoire** est un siège suspendu à deux cordes qui sert à aller d'avant en arrière : *Éva fait de la **balançoire** dans le jardin.*
➤ Sur une balançoire, on se balance.

une **baleine**

La **baleine** est le plus gros de tous les animaux. Elle vit dans la mer, mais ce n'est pas un poisson. Elle ne pond pas d'œufs, mais porte ses petits dans son ventre : *quand la **baleine** respire, elle lance un petit jet d'eau.*
➤ Le petit de la baleine est le baleineau.

*C'est la **baleine** qui tourne et vire
Autour d'un petit navire.
Petit navire, prends garde à toi,
La **baleine** te mangera...*

une **balle**

Une **balle** est une boule qui rebondit : *on peut jouer à la **balle** seul ou à plusieurs.*
➤ Une grosse balle est un ballon.

une **banane**

Une **banane** est un fruit jaune et long qui a une peau épaisse : *il faut éplucher la **banane** pour la manger.*
➤ Les bananes poussent sur les bananiers.

un **banc**

Un **banc**, c'est un long siège parfois sans dossier. Plusieurs personnes peuvent s'asseoir dessus : *il y a souvent des **bancs** en bois dans les jardins publics.*

une **bande dessinée**

Une **bande dessinée,** c'est une histoire racontée avec des dessins qui se suivent : *dans une **bande dessinée,** le texte est souvent inscrit dans des « bulles ».*
= On dit aussi une BD.

une **barbe**

La **barbe,** ce sont les poils qui poussent sur le menton et les joues des hommes : *l'oncle de Lola laisse pousser sa **barbe.***
➤ Un homme qui a une barbe est barbu.

une **barque**

Une **barque** est un petit bateau qui n'a pas de voile : *pour faire avancer une **barque** on utilise des rames.*

barrer

1. Barrer une route, c'est la fermer pour empêcher de passer : *parfois, les policiers **barrent** la route.*

2. Barrer un mot, c'est faire un trait dessus : *on **barre** un mot quand on a fait une faute.*

= On dit aussi rayer.

une **barrière**

Une **barrière** empêche d'entrer dans un champ ou dans un jardin : *notre jardin est entouré d'une **barrière**.*

➤ Une barrière sert à barrer le passage.

bas, basse

1. Quelque chose de **bas** est près du sol : *mon petit frère est assis sur une chaise **basse**.*

≠ Le contraire de bas, c'est haut.

2. En bas, c'est dans la partie basse : *il y a un numéro **en bas** de la page.*

≠ Le contraire d'en bas, c'est en haut.

un **bassin**

Un **bassin** est creusé pour contenir de l'eau : *il y a des poissons rouges dans le **bassin**.*

un **bateau**

Un **bateau** navigue sur l'eau. Il sert à transporter des personnes ou des choses : *il existe des **bateaux** à voiles, à rames ou à moteur.*

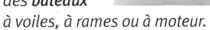

un **bâton**

Un **bâton** est un morceau de bois long et épais : *on peut s'appuyer sur un **bâton** pour marcher dans la forêt.*

*Nous l'attraperons,
La p'tite hirondelle,
Et nous lui donnerons
Trois p'tits coups de **bâton**...*

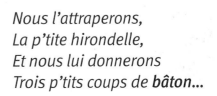

battre

1. Battre quelqu'un, c'est lui donner des coups : *il ne faut pas **battre** les animaux.*

= On dit aussi frapper ou taper.

2. Se battre, c'est se donner des coups avec les mains ou avec les pieds : *Arthur et Alexandre sont en train de **se battre**.*

= On dit aussi se bagarrer.

➤ Se battre, c'est faire une bataille.

3. Battre une personne ou une équipe, c'est être plus fort qu'elle, c'est être le meilleur : *Max **a battu** Léo aux cartes.*

bavard, bavarde

Être **bavard,** c'est parler beaucoup : *ma sœur est très **bavarde**.*

≠ Le contraire de bavard, c'est silencieux.

➤ Quand on est bavard, on aime bavarder.

beau, belle

1. Être **beau,** être **belle,** c'est être agréable à regarder ou à écouter : *Clémentine se trouve très **belle** dans sa robe de princesse.*

= On dit aussi joli.

≠ Le contraire de beau, c'est laid.

2. On dit : «**il fait beau**,» quand il y a du soleil : *il fait souvent **beau** en été.*

beaucoup

1. Beaucoup, c'est un grand nombre : *ce coffre est rempli, il y a **beaucoup** de jouets dedans.*

= On dit aussi plein.

≠ Le contraire de beaucoup, c'est peu.

2. Beaucoup, c'est énormément : *Julie aime **beaucoup** sa sœur.*

un **bébé**

Un **bébé** est un tout petit enfant :
*mon petit frère est encore un **bébé**.*

Madame du Clair de lune
*Accoucha du **bébé** Prune*
Madame du Clair soleil
*Accoucha du **bébé** Ciel...*

un **bec**

Le **bec** d'un oiseau est dur et pointu.
Il lui sert à se nourrir, à faire son nid
et à se défendre :
*le **bec** de la cigogne est long et pointu,*
*le **bec** du canard est plat et arrondi,*
*le **bec** du perroquet est petit et crochu.*

un **bélier**

Un **bélier** est un mouton mâle
qui a deux grosses cornes :
*il y a souvent un **bélier** dans*
un troupeau
de moutons.
➤ La femelle
du bélier est
la brebis.
Le petit est
l'agneau.

bercer

Bercer un bébé,
c'est le balancer
doucement pour
le faire dormir :
*la fée **berce***
la princesse.
➤ Pour bercer
un bébé, on lui chante parfois aussi
une berceuse.

un **berger,** une **bergère**

Un **berger** et une **bergère**
sont des personnes qui s'occupent
des moutons : *le **berger** conduit*
le troupeau au pâturage.

une **bête**

Une **bête** est un animal :
*Léa aime beaucoup les **bêtes**.*
Va voir « les animaux », page 258.

a
b
c
d
e
f
g
h
i
j
k
l
m
n
o
p
q
r
s
t
u
v
w
x
y
z

a
b
c
d
e
f
g
h
i
j
k
l
m
n
o
p
q
r
s
t
u
v
w
x
y
z

bête

Être **bête**, c'est ne rien comprendre ou ne pas réfléchir : *je suis vraiment bête d'avoir mis mes chaussures avant mon pantalon !*
= On dit aussi idiot.
≠ Le contraire de bête, c'est intelligent.
➤ Quand on est bête, on dit et on fait des bêtises.

le beurre

Le **beurre** est un aliment jaune et gras qui est fait avec du lait : *Léa étale du beurre sur sa tartine.*
➤ Mettre du beurre sur une tartine, c'est la beurrer.

un biberon

Un **biberon** est une petite bouteille qui a une tétine : *pour nourrir les bébés, on leur donne à boire un biberon de lait.*

une bibliothèque

Une **bibliothèque**, c'est un meuble avec des étagères où sont rangés des livres : *il y a une bibliothèque dans notre classe.*

une biche

Une **biche** est un animal sauvage qui vit dans la forêt : *la biche s'enfuit quand elle entend du bruit.*
➤ La biche est la femelle du cerf. Leur petit est le faon.

une bicyclette

Une **bicyclette** a deux roues, un guidon et des pédales. Elle sert à transporter une ou deux personnes : *on appuie sur les pédales pour faire avancer une bicyclette.*
= On dit aussi un vélo.

bien

Bien, c'est comme il faut :
*Julie travaille **bien**.*
≠ Le contraire de bien, c'est mal.

bientôt

Bientôt, c'est dans peu de temps :
*le train va **bientôt** arriver.*

un **bifteck**

Un **bifteck** est une tranche de bœuf
ou de cheval : *Maxime adore manger
son **bifteck** avec des frites.*

un **bijou**

Un **bijou** est un objet qu'on porte
pour faire joli : *une bague, un collier,
un bracelet, des boucles d'oreilles
sont des **bijoux**.*

une **bille**

Une **bille** est une petite boule de verre
coloré qui sert à jouer : *Ivan et Anaïs
jouent aux **billes** dans la cour.*

un **billet**

1. Un **billet** est un papier spécial
qui sert à payer : *maman a sorti
un **billet** de son porte-monnaie.*

2. Un **billet** est un papier ou un petit
carton. On l'achète pour voyager
ou pour entrer dans une salle
de spectacle : *maman achète un **billet**
de train à la gare.*
= Parfois, on dit un ticket.

bizarre

Ce qui est **bizarre** n'est pas comme d'habitude : *Zoé a une coiffure **bizarre** aujourd'hui.*
≠ Le contraire de bizarre, c'est normal.

une **bobine**

Une **bobine** est un objet qui sert à enrouler du fil : *il y a des **bobines** de fil de toutes les couleurs.*

le **blé**

Le **blé** est une plante qu'on fait pousser dans les champs. On transforme ses grains en farine pour faire du pain ou des pâtes : *en été, les épis de **blé** sont jaunes.*

un **bœuf**

Un **bœuf** est un gros animal qu'on élève à la ferme pour sa viande. Il est de la même famille que la vache : *un **bœuf** se nourrit d'herbe.*

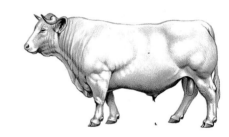

se **blesser**

Se blesser, c'est se faire très mal : *Julien **s'est blessé** en tombant et il saigne.*
➤ Quand on se blesse, on a une blessure.

boire

Boire, c'est avaler un aliment liquide : *Guillaume **boit** du jus de fruits.*
➤ Ce qu'on boit est une boisson.

un **bois**

1. Le **bois** est une matière dure.
Il sert à fabriquer des maisons
et des objets : *on coupe les arbres
pour avoir du **bois**.*

2. Un **bois** est un endroit où les arbres
poussent les uns à côté des autres :
*un **bois** est plus petit qu'une forêt.*

*Promenons-nous dans les **bois**
Pendant que le loup n'y est pas.
Si le loup y était
Il nous mangerait...*

une **boîte**

Une **boîte** est un objet qui
a un couvercle. Elle sert à mettre
toutes sortes de choses :
*maman a rangé
ses chaussures neuves
dans une **boîte**.*

un **bol**

Un **bol** est un récipient rond et creux
qui sert à boire. Il est plus grand
qu'une tasse : *on boit
du chocolat, du café
ou du lait dans un **bol**.*

bon, bonne

1. Ce qui est **bon** est agréable
à manger ou à boire : *mamie a fait
un **bon** gâteau au chocolat.*

2. Ce qui sent **bon** a une odeur
agréable : *les roses sentent **bon**.*

3. Ce qui est **bon** fait plaisir : *Yann
nous a appris une **bonne** nouvelle.*
≠ Le contraire de bon, c'est mauvais.

un **bonbon**

Un **bonbon** est une petite friandise
faite avec du sucre. On peut le sucer
ou le croquer : *Justine a un paquet
de **bonbons** de toutes les couleurs.*
➤ Un bonbon, c'est très bon.

un **bond**

Un **bond** est un saut très haut : *le chat s'élance d'un **bond** sur le buffet, parce qu'il a vu le poisson dans l'aquarium.*

➤ Faire un bond, c'est bondir.

un **bonhomme**

Un **bonhomme** est un personnage qui ressemble à un homme : *nous avons fait un **bonhomme** de neige dans le jardin.*

bonjour

On dit **bonjour** quand on rencontre quelqu'un dans la journée : *Hugo dit **bonjour** à ses copains quand il arrive à l'école.*

bonsoir

On dit **bonsoir** quand on rencontre ou qu'on quitte quelqu'un le soir : *Fanny dit **bonsoir** à ses parents avant d'aller se coucher.*

le **bord**

1. Le **bord,** c'est la limite ou le côté de quelque chose : *il y a des fleurs sur le **bord** du chemin.*

2. Le **bord** d'un verre, c'est la partie qui est en haut : *Alexandre a rempli son verre jusqu'au **bord.***

3. Être **au bord** de la mer, c'est être près de la mer : *Pierre a passé ses vacances **au bord** de la mer.*

une **bosse**

1. Une **bosse,** c'est la partie ronde qui dépasse, sur le dos de certains animaux : *les dromadaires ont une bosse ; les chameaux ont deux bosses.*

2. Une **bosse,** c'est une boule qui apparaît sous la peau quand on se cogne : *Luc a une bosse au front.*
➤ Quelqu'un qui a une bosse dans le dos est bossu. Une chose qui a des bosses est bosselée.

la **bouche**

La **bouche** est dans le bas du visage. Elle sert à parler, à manger et à boire : *quand on ouvre la bouche, on voit les dents.*
➤ La quantité de nourriture qu'on met dans la bouche en une fois, c'est une bouchée.

un **bouchon**

Un **bouchon** est un petit objet qui sert à fermer une bouteille ou un tube : *on met souvent un bouchon de liège sur une bouteille de vin.*
➤ On utilise un bouchon pour boucher.

un **bouc**

Le **bouc** est un animal de la ferme qui a deux grosses cornes et une barbe : *les boucs sentent mauvais.*
➤ La femelle du bouc est la chèvre. Le petit est le chevreau.

une **boucle**

1. Une **boucle** de cheveux, c'est une mèche enroulée : *maman a des boucles brunes.*
➤ Quand on a des boucles, on a les cheveux bouclés.

2. Une **boucle** d'oreille, c'est un bijou qu'on porte à l'oreille : *maman porte de jolies boucles d'oreilles vertes.*

bouder

Bouder, c'est montrer qu'on est fâché en restant dans son coin et en refusant de parler : *Léo boude parce que son frère ne veut pas lui prêter ses jouets.*

bouger

Bouger, c'est faire des mouvements et changer de place : *ne bougeons plus, Anne va prendre une photo !*
= On dit aussi remuer.

une **bougie**

Une **bougie,** c'est un objet en cire avec une mèche qu'on fait brûler. Elle sert à s'éclairer ou à décorer : *on allume des bougies quand il y a une panne d'électricité.*

une **bouée**

Une **bouée** est un objet en plastique qu'on gonfle. Elle sert à flotter sur l'eau : *il faut mettre une bouée quand on ne sait pas nager.*

bouillir

Quand l'eau **bout,** elle est très chaude et elle fait des petites bulles : *papa fait bouillir de l'eau pour les pâtes.*
➤ Quand l'eau vient de bouillir, elle est bouillante.

un **bouquet**

Un **bouquet**, c'est plusieurs fleurs mises ensemble : *Thomas a fait un **bouquet** avec des fleurs du jardin.*

un **bourgeon**

Les **bourgeons** poussent sur les arbres, au printemps : *les **bourgeons** deviennent ensuite des feuilles ou des fleurs.*

bousculer

Bousculer quelqu'un, c'est le pousser assez fort : *Lucas **a bousculé** Julie en rattrapant le ballon.*

un **bout**

1. Le **bout** d'une chose, c'est la partie qui se trouve à la fin : *notre maison est au **bout** du chemin.*

2. Un **bout** est un morceau : *Julien mange un **bout** de pain.*

une **bouteille**

Une **bouteille** est un récipient en verre ou en plastique. Elle sert à garder ce qui est liquide : *on ferme une **bouteille** avec un bouchon.*

un **bouton**

1. Un **bouton** est un petit objet qui est cousu sur un vêtement.

Il sert à le fermer : *une chemise est un vêtement qui a des **boutons** devant.*

➤ Fermer un vêtement avec des boutons, c'est le boutonner.

2. Un **bouton** est un gros point rouge qui apparaît parfois sur la peau : *la rougeole donne des **boutons**.*

3. Un **bouton** est un petit objet qui sert à allumer ou à éteindre un appareil électrique : *Léo appuie sur le **bouton** de la télévision.*

un **bracelet**

Un **bracelet** est un bijou qu'on porte autour du poignet : *Marie montre à Louise son joli **bracelet** en perles.*

une **branche**

Une **branche** d'arbre, c'est la partie qui part du tronc : *les feuilles, les fleurs et les fruits poussent sur les **branches**.*

une **brebis**

Une **brebis** est un mouton femelle : *on fabrique certains fromages avec le lait des **brebis**.*
➤ Le mâle de la brebis est le bélier. Leur petit est l'agneau.

briller

1. **Briller**, c'est faire de la lumière : *quand il fait beau, le soleil **brille**.*

2. **Briller**, c'est renvoyer la lumière : *les diamants **brillent**.*
➤ Un objet qui brille est brillant.

un **brin**

Un **brin** d'herbe, c'est une seule herbe : *regarde ! une coccinelle s'est posée sur un **brin** d'herbe.*

une **brosse**

Une **brosse** est un objet qui a des poils. Elle sert à démêler les cheveux, à nettoyer ou à frotter : *Camille se coiffe avec une **brosse** à cheveux.*
➤ Se servir d'une brosse, c'est brosser.

une **brouette**

Une **brouette** est un petit chariot.
Elle a une roue devant et deux bras
qu'on soulève pour la pousser :
*les jardiniers
transportent
souvent
de la terre et
des feuilles dans
une brouette.*

le **brouillard**

Le **brouillard**, c'est une sorte
de nuage qui contient des gouttes
d'eau minuscules : *quand il y a
du brouillard sur la route, les voitures
doivent allumer leurs phares.*

*Le **brouillard** a tout mis
Dans son sac de coton.
Le **brouillard** a tout pris
Autour de la maison.*

un **bruit**

Un **bruit**, c'est ce qu'on entend :
il y a beaucoup de bruit dans la rue.
≠ Le contraire du bruit,
c'est le silence.
➤ Quand on fait du bruit,
on est bruyant.

brûler

1. Le bois **brûle** quand on a allumé
le feu. Il disparaît dans les flammes
et se transforme en cendres : *on fait
brûler le bois dans la cheminée.*

2. Se brûler, c'est se faire mal
en touchant une chose très chaude :
*fais attention à ne pas te brûler
avec le fer à repasser !*
➤ Quand on se brûle, on se fait
une brûlure.

*Au feu, les pompiers
V'là la maison qui **brûle** !
Au feu, les pompiers
V'là la maison **brûlée** !*

brutal, brutale

Être **brutal,** c'est donner facilement des coups : *ce garçon est **brutal,** il s'est encore battu !*
≠ Le contraire de brutal, c'est doux.

une **bûche**

1. Une **bûche** est un gros morceau de bois. Elle sert à faire du feu : *Marine rapporte des **bûches** pour les mettre dans la cheminée.*
➤ Les personnes qui coupent les bûches dans la forêt sont des bûcherons.

2. La **bûche** de Noël est un gâteau qui a la forme d'une bûche de bois : *la **bûche** de Noël est décorée.*

un **buisson**

Un **buisson** est un groupe de petits arbres aux branches emmêlées : *les **buissons** ont souvent des épines.*

une **bulle**

Une **bulle** est une petite boule remplie d'air, très légère et transparente : *Julien fait des **bulles** de savon.*

un **bureau**

1. Un **bureau** est une table pour écrire : *j'ai un petit **bureau** dans ma chambre.*

2. Un **bureau** est une pièce où l'on travaille : *la directrice de l'école est dans son **bureau.***

un **bus**

Un **bus** est une immense voiture. Il sert à transporter un grand nombre de personnes dans les rues d'une ville : *nous attendons le **bus.***
= On dit aussi un autobus.

des **cerises**

chatouiller

un **chat**

une **cigogne**

une **chauve-souris**

un **cadeau**

une **coccinelle**

des **cubes**

un **câlin**

un **cri**

une **cabane**

Une **cabane** est une petite maison en bois : *la **cabane** à outils est au fond du jardin.*

une **cage**

Une **cage** est un objet ou un endroit fermé par des barreaux ou par un grillage. On y enferme des animaux : *lorsqu'on transporte des singes, on les met dans une **cage**.*

se **cacher**

Se cacher, c'est se mettre dans un endroit pour que les autres ne nous voient pas : *Aurélie **se cache** derrière le rideau.*

➤ On se cache dans une cachette quand on joue à cache-cache.

un **cahier**

Un **cahier** est fait de feuilles de papier et d'une couverture. On écrit et on dessine sur ses pages : *à l'école, nous avons un **cahier** d'écriture.*

un **caillou**

Un **caillou** est une petite pierre : *le Petit Poucet sème des **cailloux** blancs pour retrouver son chemin.*

un **cadeau**

Un **cadeau** est un objet qu'on offre à quelqu'un pour lui faire plaisir : *Paul a eu un beau **cadeau** pour son anniversaire.*

une **caisse**

1. Une **caisse** est une grande boîte :
papa range ses outils dans une caisse.

2. La **caisse** est l'endroit où les clients
paient, dans un magasin :
*maman paie ses achats à la caisse
du supermarché.*
➤ La personne qui travaille à la caisse
est un caissier ou une caissière.

un **calendrier**

Un **calendrier** est un tableau des jours
de l'année où sont marqués les mois,
les semaines et les fêtes. Il y a douze
colonnes pour les douze mois :
*Éva a trouvé la date de sa fête
sur le calendrier.*
Va voir « le calendrier », page 274.

un **câlin**

Faire un **câlin,**
c'est être
dans les bras
d'une personne
et lui faire
des caresses :
*je fais un câlin
à maman.*

calme

Être **calme,** c'est rester tranquille et
ne pas faire de bruit : *la maîtresse est
contente quand nous sommes calmes.*
≠ Le contraire de calme, c'est agité.

un **camion**

Un **camion** est une sorte de très
grosse voiture. Il sert à transporter
des marchandises et des objets
lourds : *quand on déménage,
on transporte les meubles
dans un camion.*

➤ Une personne qui conduit
un camion est un camionneur.
Un petit camion est une camionnette.

a
b
c
d
e
f
g
h
i
j
k
l
m
n
o
p
q
r
s
t
u
v
w
x
y
z

la **campagne**

À la **campagne,** il y a des prés,
des bois, des champs et des rivières :
*le dimanche, nous allons souvent
à la campagne.*

camper

Camper, c'est dormir sous une tente
ou dans une caravane : *nous partons
camper chaque été.*
➤ Une personne qui campe
est un campeur ou une campeuse.
Les campeurs font du camping.

un **canard**

1. Un **canard** est
un gros oiseau.
Il a un large bec
et deux grosses
pattes palmées :
*les canards
vivent au bord
de l'eau.*

➤ La femelle du canard est la cane.
Le petit est le caneton.
2. On dit : « il fait un froid de **canard** »
quand il fait très froid.

*Le canard disait à sa cane :
« Ris, cane, ris, cane ».
Le canard disait à sa cane :
« Ris, cane », et la cane a ri !*

une **canne**

1. Une **canne** est un bâton
avec une poignée pour s'appuyer :
*grand-père
marche avec
une canne.*
2. Une **canne**
à pêche est
une longue tige
qui se termine
par un fil
et un hameçon.
Elle sert à pêcher
les poissons :
*grand-père a pris
sa canne à pêche.*

le **caoutchouc**

Le **caoutchouc** est une matière souple et imperméable : *avec du caoutchouc, on fait des pneus, des balles pour jouer ou des bottes pour la pluie.*

un **caprice**

Un **caprice** est une petite colère pour essayer d'obtenir quelque chose : *mon frère fait un caprice parce qu'il veut aller jouer dehors.*
➤ Quand on fait souvent des caprices, on est capricieux.

une **caravane**

Une **caravane** est une sorte de petite maison montée sur des roues. Elle est tirée par une voiture : *nous avons passé nos vacances dans une caravane.*

une **caresse**

Faire une **caresse**, c'est passer doucement la main sur une personne ou sur un animal : *Adrien fait des caresses à son chien.*
➤ Faire une caresse, c'est caresser.

le **carnaval**

Le **carnaval**, c'est une grande fête où tout le monde est déguisé : *le jour du mardi gras, il y a un carnaval : on met un déguisement pour aller à l'école.*

une **carotte**

Une **carotte** est un légume long et orange : *on peut manger les carottes crues et râpées ou cuites.*

un **carré**

Un **carré** est une forme qui a quatre côtés pareils : *à l'école, nous apprenons à dessiner des carrés.*

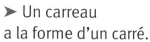

un **carreau**

1. Un **carreau** est un petit dessin carré : *le clown porte une veste à carreaux.*

➤ Un carreau a la forme d'un carré.

2. Un **carreau** de fenêtre est une vitre : *pour Noël, nous avons décoré les carreaux de la classe.*

un **carrefour**

Un **carrefour** est un endroit où des routes se croisent : *les voitures ralentissent au carrefour.*

= On dit aussi un croisement.

une **carte**

1. Une **carte** de géographie, c'est le dessin d'un pays : *sur une carte de géographie, on voit les villes, les montagnes et les fleuves.*

2. Sur une **carte** à jouer, il y a des dessins et des nombres : *dans les jeux de cartes, le cœur et le carreau sont rouges, le pique et le trèfle sont noirs.*

3. Sur une **carte** postale, il y a une photo d'un côté et une partie pour écrire de l'autre côté : *pendant les vacances, on envoie des cartes postales.*

le **carton**

Le **carton** est un papier très épais et très dur : *la couverture de nos livres est en carton.*

casser

1. Casser un objet, c'est le mettre en plusieurs morceaux : *en jouant avec le chat, Alice a cassé la tasse.*
= On dit aussi briser.

2. Quand une chose **est cassée,** elle ne fonctionne plus : *la montre de papa est cassée.*

*Polichinelle
Monte à l'échelle
Un peu plus haut
Se casse le dos...*

un **cauchemar**

Un **cauchemar** est un rêve qui fait peur : *cette nuit, j'ai fait un cauchemar.*

une **cave**

Une **cave** est une pièce fraîche qui se trouve sous une maison : *on met souvent du vin ou des objets qu'on n'utilise plus dans une cave.*

un **cercle**

Un **cercle** est un rond : *pour apprendre à écrire la lettre « c », Cédric dessine des cercles sur son cahier.*

un **cerf**

Un **cerf** est un animal sauvage qui vit dans la forêt. Il a des sortes de cornes sur la tête qu'on appelle des « bois » : *le cerf peut courir très vite.*
➤ La femelle du cerf est la biche. Le petit est le faon.

un **cerf-volant**

Un **cerf-volant** est un objet fait avec du papier ou du tissu et des baguettes de bois. On l'attache au bout d'une longue ficelle pour le faire voler : *le vent entraîne les cerfs-volants.*

une **cerise**

Une **cerise** est un petit fruit rouge, rond et sucré qui a un noyau : *on mange des cerises au début de l'été.*
➤ Les cerises poussent sur les cerisiers.

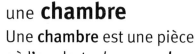

le **chagrin**

Avoir du **chagrin**, c'est être très triste : *quand on a du chagrin, on pleure.*
= On dit aussi de la peine.

une **chaîne**

1. Une **chaîne** est un objet en métal fait de plusieurs anneaux. Elle sert à attacher : *on attache parfois les gros chiens avec une chaîne.*

2. Une **chaîne** est un ensemble de programmes de télévision : *il y a plusieurs chaînes à la télévision.*

une **chaise**

Une **chaise** est un siège, un meuble fait pour s'asseoir : *une chaise a quatre pieds.*

une **chambre**

Une **chambre** est une pièce où l'on dort : *dans ma chambre, il y a un lit, un bureau et une armoire.*

un **chameau**

Un **chameau** est
un animal
qui vit dans
le désert :
*le chameau
a deux bosses
sur le dos.*

➤ La femelle du chameau est
la chamelle. Le petit est le chamelon.

changer

1. Changer, c'est devenir différent :
on change beaucoup en grandissant.
= On dit aussi se transformer.
2. Changer, c'est remplacer une chose
par une autre chose : *l'ampoule est
grillée, il faut la changer.*
3. Se changer, c'est mettre un autre
vêtement : *Fanny se change pour aller
jouer dehors.*

un **champ**

Un **champ** est un grand terrain
à la campagne où l'on fait pousser
des plantes : *les agriculteurs cultivent
les champs.*

une **chanson**

Une **chanson,** c'est un air de musique
et des paroles : *hier, la maîtresse
nous a appris une nouvelle chanson.*

chanter

Chanter, c'est faire de la musique avec
la voix : *à l'école, la maîtresse nous fait
chanter tous les jours.*
➤ Une personne qui chante
est un chanteur ou une chanteuse.

un **champignon**

Un **champignon** est une plante
avec un chapeau et un pied :
*certains champignons
peuvent se manger, d'autres
contiennent du poison.*

un **chapeau**

On porte un **chapeau** sur la tête pour se protéger du froid, du soleil ou de la pluie : *Félix et Lola portent un **chapeau** quand il y a du soleil.*

*Mon **chapeau** a quatre bosses
Quatre bosses a mon **chapeau**
Et s'il n'avait pas quatre bosses
Ce n'serait pas mon **chapeau**.*

un **chat**

Un **chat** est un animal qui a une tête ronde, deux petites oreilles pointues, des moustaches et des griffes qu'il peut rentrer et sortir : *le **chat** ronronne quand on le caresse et il miaule souvent quand il veut quelque chose.*

➤ La femelle du chat est la chatte. Le petit est le chaton.

un **château**

1. Un **château** est une grande et belle maison entourée d'un parc : *les rois et les reines vivent dans des **châteaux**.*
= On dit aussi un palais.

2. Un **château fort** avait des tours et était entouré d'un fossé plein d'eau : *on fermait l'entrée du **château fort** quand les ennemis attaquaient.*

chatouiller

Chatouiller une personne, c'est toucher certaines parties de son corps pour la faire rire : *Fanny **chatouille** Éva sous les bras.*

➤ Si on rit facilement quand on nous chatouille, on est chatouilleux.

chaud, chaude

1. Ce qui est **chaud** a une température haute : *ta soupe est très chaude, fais attention, tu risques de te brûler !*

≠ Le contraire de chaud, c'est froid.

2. Un vêtement **chaud** protège du froid : *on met des vêtements chauds en hiver.*

3. On dit : «**il fait chaud**» quand le temps est chaud.

chauffer

Faire **chauffer** de l'eau, c'est la mettre sur le feu pour qu'elle devienne chaude : *on fait chauffer de l'eau pour faire cuire les nouilles.*

➤ Pour chauffer une maison, on met le chauffage en marche.

une chaussure

Les **chaussures** protègent les pieds : *les sandales, les baskets, les bottes sont des chaussures.*

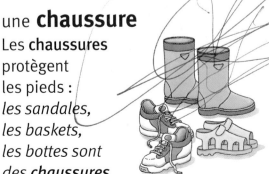

une chauve-souris

Une **chauve-souris** est un animal qui a un corps de souris et de grandes ailes sans plumes. Elle peut voler, mais ce n'est pas un oiseau : *les chauves-souris dorment le jour, la tête en bas.*

un chemin

Un **chemin** est une petite route en terre dans la campagne : *les chemins traversent les champs, les prés ou les forêts.*

– Ah ! dis-moi donc bergère,
Par où ce **chemin** va ?
– Et, par ma foi, monsieur,
Il ne bouge pas de là.

une **cheminée**

1. Une **cheminée** est l'endroit de la maison où l'on fait du feu : *on met des bûches dans la* ***cheminée.***

2. Une **cheminée** est l'endroit par où sort la fumée. Elle se trouve sur le toit de la maison : *on dit que le père Noël passe par la* ***cheminée*** *pour apporter les cadeaux.*

une **chenille**

Une **chenille** est un très petit animal qui ressemble à un ver, mais qui a le corps recouvert de poils : *la* ***chenille*** *se transforme plus tard en papillon.*

cher, chère

1. Ce qui est **cher** coûte beaucoup d'argent : *le pantalon que voudrait Julie est trop* ***cher.***

2. On dit « **cher** papa », « **chère** maman » pour dire qu'on aime beaucoup son papa ou sa maman : *Maxime a commencé sa lettre par :* « ***cher*** *papa et* ***chère*** *maman ».*

un **chêne**

Un **chêne** est un grand arbre qui peut vivre très longtemps. Son bois sert à fabriquer des meubles, des portes et des fenêtres : *le* ***chêne*** *a des fruits qu'on ne mange pas : ce sont les glands.*

chercher

Chercher, c'est essayer de trouver : *Pierre a perdu sa chaussette, il la* ***cherche*** *partout.*

un **cheval**

Un **cheval** est un grand animal qui a une crinière, une longue queue et des sabots : *les chevaux galopent très vite.*
➤ La femelle du cheval est la jument. Le petit est le poulain.

une **chèvre**

Une **chèvre** est un animal qui a deux cornes et une petite barbe au menton : *avec le lait des chèvres on fabrique du fromage.*
➤ Le mâle de la chèvre est le bouc. Leur petit est le chevreau.

un **chien**

Un **chien** est un animal qui aime bien vivre avec les gens. Il peut sentir les odeurs de très loin : *un chien aboie.*

➤ La femelle du chien est la chienne. Le petit est le chiot.

un **chiffre**

Un **chiffre** sert à compter : *1, 2, 3, 4, 5, 6, 7, 8, 9 et 0 sont des chiffres.*

le **chocolat**

1. Le **chocolat** est un aliment sucré de couleur marron : *j'ai croqué quelques carrés de chocolat.*
2. Le **chocolat** est une boisson faite avec de la poudre de chocolat et du lait : *Mehdi boit un chocolat chaud au petit déjeuner.*

choisir

Choisir, c'est décider de prendre la chose qu'on préfère parmi plusieurs choses : *Romain a choisi une tarte aux fraises.*
➤ Choisir, c'est faire un choix.

une **chose**

1. Une **chose** est un objet : *un livre, un jouet, une lampe sont des choses.*

2. Une **chose,** c'est ce qui arrive ou ce qu'on fait : *Paul fait des choses intéressantes à l'école.*

une **cicatrice**

Une **cicatrice,** c'est une marque qui reste sur la peau quand on s'est blessé ou quand on a eu une opération : *Amélie a une cicatrice au bras.*

une **cigogne**

Une **cigogne** est un grand oiseau blanc avec le bout des ailes noir : *en automne, les cigognes s'envolent vers les pays chauds.*

➤ Le petit de la cigogne est le cigogneau.

un **cinéma**

Un **cinéma,** c'est une salle où l'on peut voir des films et des dessins animés sur un grand écran blanc : *mes grands-parents m'ont emmené au cinéma dimanche dernier.*

le **ciel**

Le **ciel,** c'est ce qu'on voit dehors quand on lève la tête. Sa couleur change selon le temps : *le ciel est bleu quand il fait beau ; il se couvre de nuages quand il va pleuvoir.*

la **circulation**

La **circulation,** c'est quand il y a beaucoup de voitures, de camions, d'autocars et de motos qui roulent : *dans les grandes villes, il y a toujours beaucoup de circulation.*

un **cirque**

Un **cirque**, c'est un lieu où l'on peut voir un spectacle avec des clowns, des acrobates, des jongleurs, des dompteurs et des animaux : *le cirque est installé sous une grande tente qu'on appelle un « chapiteau ».*

des **ciseaux**

Une paire de **ciseaux,** c'est un objet fait de deux lames qui sert à découper du papier ou du tissu : *à l'école, on utilise des **ciseaux** à bouts ronds.*

un **citron**

Un **citron** est un fruit des pays chauds qui a la peau jaune et un goût acide : *on presse les **citrons** pour faire du jus.*

➤ Les citrons poussent sur les citronniers.

clair, claire

Une couleur **claire** est plus près du blanc que du noir : *Julia a un tee-shirt bleu **clair**.*

= On dit aussi pâle.
≠ Le contraire de clair, c'est foncé.

le **clair de lune**

Le **clair de lune,** c'est la lumière qu'envoie la Lune : *les chats aiment bien se promener au **clair de lune**.*

*Au **clair de la lune**
Mon ami Pierrot
Prête-moi ta plume
Pour écrire un mot...*

une **classe**

Une **classe** est une salle de l'école où les élèves travaillent : *dans une **classe,** il y a des tables, des chaises, le bureau de la maîtresse et un tableau.*

Va voir « l'école », page 278.

a
b
c
d
e
f
g
h
i
j
k
l
m
n
o
p
q
r
s
t
u
v
w
x
y
z

une **clé**

Une **clé** est un objet en métal qui sert à ouvrir et à fermer une porte ou un tiroir : *on tourne la clé dans une serrure.*

une **coccinelle**

Une **coccinelle** est un insecte qui a les ailes rouges avec des points noirs : *la coccinelle est très utile car elle mange les pucerons.*
= On dit aussi une « bête à bon Dieu ».

une **cloche**

Une **cloche** est un objet creux en métal. À l'intérieur, une sorte de bâton la fait résonner en venant frapper contre ses parois : *on entend les cloches de l'église sonner.*
➤ Une petite cloche est une clochette.

un **cochon**

1. Un **cochon** est un animal de la ferme. Il est rose et a la queue en tire-bouchon : *les fermiers élèvent des cochons pour leur viande.*
= On dit aussi un porc.

2. Un **cochon d'Inde** est un petit animal qui a des pattes courtes et qui n'a pas de queue. Il ressemble à un gros hamster : *un cochon d'Inde grignote toute la journée.*

un **clown**

Un **clown** est un artiste de cirque. Il fait des choses amusantes pour faire rire les spectateurs : *les clowns portent souvent de grandes chaussures et un faux nez.*

le **cœur**

1. Le **cœur**, c'est un muscle qui envoie le sang dans tout le corps : *le cœur bat dans la poitrine.*
2. On dit : « tu as bon **cœur** » à quelqu'un qui est généreux et qui est toujours prêt à donner aux autres.

un **coffre**

1. Un **coffre** est une caisse avec un couvercle : *Florian a rangé ses jouets dans un coffre.*

➤ Un petit coffre est un coffret.

2. Le **coffre** d'une voiture, c'est l'endroit où l'on range les sacs et les bagages : *le coffre se trouve à l'arrière de la voiture.*

se **coiffer**

Se coiffer, c'est mettre ses cheveux en ordre avec un peigne ou une brosse : *Manon se coiffe.*

= On dit aussi se peigner.

➤ Une personne qui coupe les cheveux et qui coiffe les gens est un coiffeur ou une coiffeuse.

la **colère**

Être en **colère,** c'est crier et faire de grands gestes parce qu'on n'est pas content : *mon frère est en colère parce que j'ai abîmé sa guitare.*

➤ Quand on se met facilement en colère, on est coléreux.

se **cogner**

Se cogner, c'est se donner un coup sans le faire exprès et se faire mal : *papi s'est cogné la cheville contre le pied de la table.*

la **colle**

La **colle** est une sorte de pâte qui sert à faire tenir deux choses ensemble : *Lola n'a pas refermé le tube de colle !*

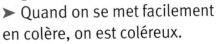

➤ On utilise de la colle pour coller des choses et faire des collages.

a
b
c
d
e
f
g
h
i
j
k
l
m
n
o
p
q
r
s
t
u
v
w
x
y
z

une **collection**

Une **collection,** ce sont des objets de la même sorte qu'on garde parce qu'on les aime : *Élodie a une collection de coquillages.*
➤ Quand on fait une collection d'objets, on les collectionne.

un **collier**

Un **collier** est un bijou qu'on porte autour du cou : *Julie a fait un collier avec des perles.*

Quand Julie a dansé,
Elle a cassé son collier.
Toutes les perles ont roulé
Sur les marches de l'escalier.

colorier

Colorier, c'est mettre des couleurs

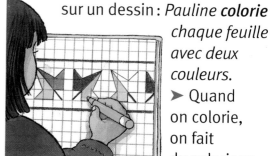

sur un dessin : *Pauline colorie chaque feuille avec deux couleurs.*
➤ Quand on colorie, on fait du coloriage.

commander

1. Commander, c'est donner des ordres : *un général commande une armée.*

2. Commander, c'est demander à l'avance à un marchand quelque chose qu'on viendra chercher plus tard : *mamie a commandé un gâteau chez le pâtissier pour dimanche.*

commencer

Commencer, c'est se mettre à faire quelque chose : *Mathieu commence son puzzle.*
≠ Le contraire de commencer, c'est finir.

comparer

Comparer, c'est regarder si des choses sont pareilles ou différentes : *Amélie compare les deux dessins.*

complet, complète

1. Un endroit est **complet** quand il n'y a plus de place : *le parking est complet, il faut se garer ailleurs.*
= On dit aussi plein.

2. Un ensemble de choses est **complet** quand il ne manque rien : *le jeu de cartes est complet : il y en a 32.*

compliqué, compliquée

Une chose est **compliquée** quand il faut faire beaucoup d'efforts pour la comprendre : *les livres que lit mon grand frère sont parfois très compliqués.*
= On dit aussi difficile.
≠ Le contraire de compliqué, c'est simple.

comprendre

Comprendre, c'est savoir ce que quelque chose veut dire : *si tu ne comprends pas ce que dit la maîtresse, pose-lui des questions.*

compter

1. Compter, c'est savoir les nombres dans l'ordre : *nous avons appris à compter jusqu'à 20.*

2. Compter des personnes ou des objets, c'est dire combien il y en a : *Paul et Coralie comptent leurs billes.*

conduire

Conduire une voiture, c'est être au volant pour la faire rouler : *il faut être une grande personne pour avoir le droit de **conduire**.*

➤ Une personne qui conduit est un conducteur ou une conductrice.

la **confiture**

La **confiture** est faite avec des fruits cuits avec beaucoup de sucre : *Louis étale de la **confiture** de fraises sur ses tartines.*

*Je suis un petit garçon
De bonne figure
Qui aime bien les bonbons
Et les **confitures**.*

connaître

1. Connaître une chose, c'est la savoir parce qu'on l'a apprise : *Flore **connaît** une nouvelle comptine.*

2. Connaître une personne, c'est l'avoir déjà rencontrée et savoir qui elle est : *papi **connaît** mon copain Nicolas.*

➤ Une personne que tout le monde connaît est une personne connue.

consoler

Consoler une personne, c'est lui parler gentiment pour qu'elle n'ait plus de peine : *Julien **console** Guillaume qui pleure.*

construire

Construire une maison ou un bâtiment, c'est les fabriquer en assemblant des matériaux : *on **construit** des maisons en pierre, en bois ou en béton.*

= On dit aussi bâtir.

≠ Le contraire de construire, c'est démolir.

➤ Quand on construit, on fait une construction.

un **conte**

Un **conte** est une histoire inventée qui raconte des choses extraordinaires : « le Petit Chaperon rouge » est un **conte** qui raconte l'histoire d'une petite fille et d'un méchant loup qui parle.

C'est pour mieux te manger, mon enfant.

content, contente

On est **content** quand quelque chose nous fait plaisir : *après les vacances, Clémentine est **contente** de retrouver son amie Julie.*

continuer

Continuer, c'est ne pas s'arrêter de faire quelque chose : *Julien **continue** à dessiner, alors qu'on l'appelle pour venir à table.*

copier

Copier, c'est faire ce qui est montré sur le modèle : *Alexandra **copie** ce qui est écrit au tableau.*

les voyelles :
a e i
o u y

un **coq**

Un **coq** est un oiseau de la ferme. Il a une crête rouge sur la tête et de belles plumes sur la queue : *le **coq** chante tous les matins au lever du Soleil.*

➤ La femelle du coq est la poule. Le petit est le poussin.

un **coquelicot**

Un **coquelicot** est une fleur rouge qui pousse dans les champs : *les pétales du coquelicot sont fragiles.*

*Je descendis dans mon jardin
Pour y cueillir du romarin.
Gentil coquelicot, mesdames,
Gentil coquelicot nouveau.*

un **coquillage**

Un **coquillage** est un petit animal de mer. Son corps mou est protégé par une coquille : *les moules et les coques sont des coquillages.*

une **coquille**

Une **coquille** est une chose dure. Elle protège ce qui est à l'intérieur : *les œufs, les coquillages, les escargots ont une coquille.*

un **corbeau**

Un **corbeau** est un gros oiseau noir : *les corbeaux font souvent des dégâts dans les champs.*

une **corde**

1. Une **corde** est une grosse ficelle très solide : *on attache les bateaux au quai avec des cordes.*

2. Une **corde à sauter** a deux poignées. Elle sert à jouer : *Fanny, Zoé et Valentine jouent à la corde à sauter.*

le **corps**

Les grandes parties du **corps** humain sont la tête, le tronc, les bras et les jambes : *le corps des filles est différent de celui des garçons.*

Va voir « le corps », page 272.

une **côte**

1. Une **côte** est une route qui est en pente : *Léa monte une* **côte** *à vélo.*

2. Une **côte,** c'est chacun des os allongés et courbes qui protègent le cœur et les poumons : *nous avons douze paires de* **côtes.**

un **côté**

1. Les **côtés** d'une forme, ce sont les lignes qui l'entourent : *les quatre* **côtés** *d'un carré ont la même longueur.*

2. Le **côté,** c'est la partie qui est à droite ou à gauche de quelque chose : *Florian marche sur le* **côté** *gauche de la route.*

3. Être **à côté** de quelqu'un, c'est être près de lui : *en classe, je suis assise* **à côté** *de Romain.*

se **coucher**

1. Se coucher, c'est se mettre au lit : *Alexandre aime* **se coucher** *tôt.*

2. Se coucher, c'est disparaître, quand on parle du Soleil ou de la Lune : *le soir, le Soleil* **se couche.**
≠ Le contraire de se coucher, c'est se lever.

coudre

Coudre, c'est fixer avec une aiguille et du fil : *maman* **coud** *un bouton.*
➤ Quand on coud, on fait de la couture.

une **couette**

1. Une **couette,** c'est une grande enveloppe de tissu remplie de petites plumes ou d'une matière qui tient chaud : *la* **couette** *remplace la couverture et le drap de dessus.*

2. Une **couette,** c'est une coiffure qu'on fait en attachant les cheveux de chaque côté de la tête : *Iris s'est fait des* **couettes.**

couler

1. Quand un liquide **coule,** il se déplace d'un endroit à un autre, il se répand : *l'eau coule du robinet.*
2. Quand un bateau **coule,** il tombe au fond de l'eau : *au secours, le bateau coule !*
≠ Le contraire de couler, c'est flotter.

un **coup**

1. Un **coup,** c'est un choc rapide et brutal : *Maxime donne un coup de pied dans le ballon.*

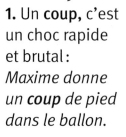

2. Un **coup,** c'est un bruit très fort et soudain, qui ne dure pas : *j'ai entendu un coup de tonnerre.*
3. Un **coup,** c'est chaque fois qu'on essaie de faire quelque chose : *Julie a réussi à tenir sur ses rollers du premier coup.*

une **couleur**

Le bleu, le jaune, le rouge, le vert sont des **couleurs** : *pour avoir du vert, on mélange deux couleurs, le jaune et le bleu ; pour avoir de l'orange, on mélange du jaune et du rouge.*

couper

1. Couper, c'est séparer en plusieurs morceaux avec un couteau : *le boucher coupe des tranches de viande.*
2. Couper, c'est enlever une partie avec des ciseaux : *le coiffeur coupe les cheveux de Caroline.*

3. Se couper, c'est s'ouvrir un peu la peau et saigner : *papa s'est coupé le menton avec son rasoir.*

la **cour**

La **cour** de l'école, c'est la partie située dehors, où les élèves peuvent jouer : *les enfants jouent dans la cour pendant la récréation.*

courageux, courageuse

Être **courageux,** c'est faire une chose difficile qui fait peur : *les pompiers sont très courageux ; ils font tout leur possible pour sauver les gens.*
≠ Le contraire de courageux, c'est peureux.
➤ Une personne courageuse a du courage.

courir

Courir, c'est avancer très vite : *nous avons couru pour attraper le train.*

le **courrier**

Le **courrier,** c'est les lettres et les cartes qu'on envoie et qu'on reçoit par la poste : *mamie vient de recevoir du courrier.*

la **course**

1. Quand on fait la **course,** on court très vite pour arriver le premier : *Léa et Paul font la course.*

2. Faire les **courses,** c'est acheter de la nourriture, des objets pour la maison ou des vêtements : *papa fait les courses le samedi.*
= On dit aussi faire les commissions.

court, courte

1. Ce qui est **court** a une petite distance d'un bout à l'autre : *Lucie a les cheveux courts.*

2. Ce qui est **court** ne dure pas longtemps : *le film est court.*
≠ Le contraire de court, c'est long.

un **cousin,** une **cousine**

Le **cousin** et la **cousine** d'une personne, ce sont les enfants de son oncle et de sa tante : *Loïc et Amandine sont cousins.*

– *Bonjour, ma cousine.*
– *Bonjour, mon cousin germain. On m'a dit que vous m'aimiez, Est-ce bien la vérité ?*

un **couteau**

Un **couteau** est un objet fait d'un manche et d'une lame. Il sert à couper : *il existe des couteaux pointus et des couteaux à bout rond.*

une **couverture**

1. Une **couverture,** c'est un grand tissu épais et chaud qu'on met sur les draps : *j'ai une couverture en laine rouge sur mon lit.*

2. La **couverture** d'un livre, c'est le carton qui protège toutes les pages : *le titre d'un livre est écrit sur la couverture.*

➤ Une couverture sert à couvrir.

couvrir

1. Couvrir, c'est mettre quelque chose qui protège : *papa couvre nos livres avec du plastique.*
= On dit aussi recouvrir.

2. Couvrir, c'est fermer avec un couvercle : *Luc couvre la casserole.*

3. Se couvrir, c'est mettre des habits qui tiennent chaud : *couvre-toi bien car il neige !*

une **craie**

Une **craie** est un petit bâton qui sert à écrire sur un tableau ou sur une ardoise. Elle se casse facilement : *le maître écrit avec une craie blanche sur le tableau.*

un **crapaud**

Un **crapaud** est un animal qui ressemble à une grosse grenouille, mais qui a des pattes arrière bien plus courtes qu'elle : *le crapaud vit sur terre, près des mares, et il se nourrit de petits insectes.*

un **crayon**

Un **crayon,** c'est une sorte de petit bâton avec une mine à l'intérieur. Il sert à écrire et à dessiner : *on fait de beaux coloriages avec des crayons de couleur.*

une **crèche**

Une **crèche,** c'est l'endroit où des grandes personnes s'occupent des bébés pendant la journée : *maman emmène mon petit frère à la crèche chaque matin.*

une **crème**

1. La **crème,** c'est la matière grasse qui est dans le lait : *la crème sert à faire le beurre et le fromage.*
2. Une **crème,** c'est un dessert qu'on fait avec des œufs, du lait et du sucre : *j'adore la crème au caramel.*

une **crêpe**

Une **crêpe** est faite avec de la farine, du lait et des œufs. On la fait cuire dans une poêle : *Adrien fait sauter une crêpe.*
➤ Le restaurant où l'on mange des crêpes est une crêperie.

creuser

Creuser, c'est faire un trou dans le sol : *le chien* **creuse** *la terre pour cacher son os.*

crever

Quand un pneu **crève,** il est percé et il se dégonfle : *j'ai roulé sur un clou et le pneu de mon vélo* **a crevé.**

un **cri**

Un **cri,** c'est un son très fort qu'on fait avec sa voix : *quand Benjamin a vu l'araignée, il a poussé un grand* **cri.**

➤ Pousser un cri, c'est crier.

un **crocodile**

Un **crocodile** est un animal qui vit dans les fleuves des pays chauds. Il a un long corps recouvert d'écailles et des dents très pointues : *quand un* **crocodile** *ne bouge pas, on peut le confondre avec un tronc d'arbre.*

Ah ! les cro, cro, cro,
Les cro, cro, cro, les **crocodiles**
Sur les bords du Nil, ils sont partis,
N'en parlons plus...

croiser

1. Croiser les jambes ou les bras, c'est les mettre l'un sur l'autre, en formant une croix : *Marine* **croise** *les bras quand elle écoute la maîtresse.*

2. Quand deux choses **se croisent,** elles se rencontrent et elles se coupent : *on installe souvent des feux à l'endroit où deux routes* **se croisent.**

➤ Quand deux routes se croisent, elles forment un croisement.

un **croissant**

1. Un **croissant** de lune, c'est une petite partie de la Lune qui forme deux cornes comme un grand C : *Chloé regarde le **croissant** de lune.*

2. Un **croissant** est une pâtisserie. On l'appelle « croissant » parce qu'il a la forme d'un croissant de lune : *on mange parfois des **croissants** au petit déjeuner.*

croquer

Croquer un aliment dur, c'est l'écraser entre ses dents : *mon hamster **croque** des graines.*

cru, crue

Un aliment **cru** n'a pas été cuit : *certains légumes peuvent se manger **crus**.*
≠ Le contraire de cru, c'est cuit.

un **cube**

Un **cube,** c'est un objet qui a six faces carrées : *Axel a construit une maison avec son jeu de **cubes**.*

cueillir

Cueillir des fleurs ou des fruits, c'est couper leurs tiges : *Tom **cueille** des tomates dans le potager.*

une **cuillère**

Une **cuillère** est un objet qui a un manche et une partie creuse. Elle sert à manger un aliment liquide : *on mange les yaourts avec une petite **cuillère**.*

➤ La quantité qu'on peut mettre dans une cuillère est une cuillerée.

cuire

Faire **cuire** un aliment, c'est le faire chauffer pour pouvoir le manger : *maman fait* **cuire** *un rôti dans le four.*

une **cuisine**

1. La **cuisine,** c'est la pièce où l'on prépare les repas : *nous déjeunons et nous dînons dans la* **cuisine.**
2. Faire la **cuisine,** c'est préparer le repas : *aujourd'hui, c'est papa qui fait la* **cuisine.**
➤ Une personne qui fait la cuisine dans un restaurant, c'est un cuisinier ou une cuisinière.

une **cuisinière**

Une **cuisinière** est un appareil qui sert à faire cuire les aliments. Elle a des plaques et un four : *maman allume le four de la* **cuisinière.**
➤ Une cuisinière permet de faire la cuisine.

curieux, curieuse

Quand on est **curieux,** on veut toujours tout savoir, même ce qui ne nous regarde pas : *Théo est trop* **curieux** *: il écoute aux portes !*
➤ Le défaut d'une personne curieuse, c'est la curiosité.

un **cycliste,** une **cycliste**

Un **cycliste** et une **cycliste** sont des personnes qui roulent à bicyclette : *les coureurs* **cyclistes** *s'entraînent pour le Tour de France.*

un **cygne**

Un **cygne** est un grand oiseau qui vit sur l'eau. Il a un grand cou très souple en forme de S et des plumes blanches ou noires : *les* **cygnes** *nagent comme les canards.*

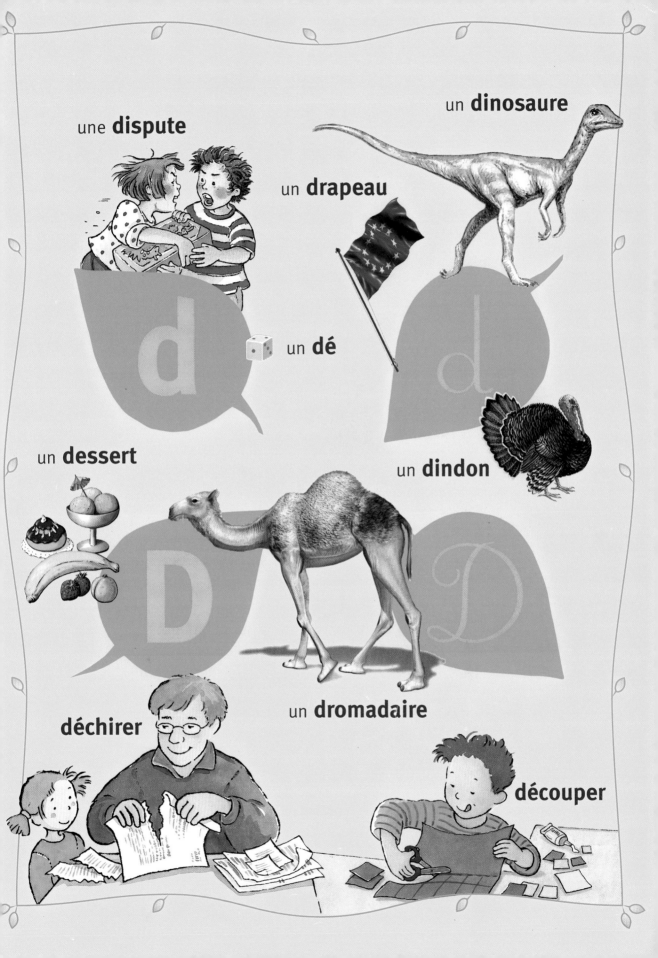

une **dispute**

un **dinosaure**

un **drapeau**

un **dé**

un **dessert**

un **dindon**

un **dromadaire**

déchirer

découper

dangereux, dangereuse

Ce qui est **dangereux** peut provoquer un accident : *c'est dangereux de faire du roller sans regarder où l'on va.*

➤ Une chose dangereuse nous met en danger.

danser

Danser, c'est faire des pas et des mouvements sur un air de musique : *nous suivons des cours pour apprendre à danser.*

➤ Une personne qui danse est un danseur ou une danseuse.

*Sur le pont d'Avignon,
L'on y danse, l'on y danse.
Sur le pont d'Avignon,
L'on y danse tous en rond.*

un **dauphin**

Un **dauphin** est un gros animal de la mer. Il vit en groupes parfois immenses et se nourrit de poissons : *le dauphin est très joueur : il accompagne souvent les bateaux en bondissant hors de l'eau.*

un **dé**

1. Un **dé** est un petit cube avec des points sur chaque face, de un à six : *on lance les dés pour savoir qui jouera le premier.*

2. Un **dé** à coudre est un petit objet en métal. On le met au doigt pour ne pas se piquer quand on coud : *mamie coud toujours avec un dé.*

le **début**

Le début, c'est le moment où quelque chose commence : *la distribution, c'est le début de la partie de cartes.*

= On dit aussi le commencement.

≠ Le contraire du début, c'est la fin.

déchirer

Déchirer, c'est mettre en morceaux du papier ou du tissu : *papa **déchire** de vieux papiers.*

décider

Décider, c'est choisir de faire quelque chose après avoir réfléchi : *mamie **a décidé** d'acheter un ordinateur.*

décorer

Décorer, c'est mettre de jolies choses dans un endroit pour qu'il soit plus gai et plus agréable : *Lola **décore** sa chambre avec des images.*
➤ Les choses qui décorent sont des décorations.

découper

Découper, c'est couper avec des ciseaux ou un couteau : *Paul **découpe** du papier.*
➤ Quand on découpe avec des ciseaux, on fait du découpage.

découvrir

Découvrir, c'est trouver une chose qui était cachée : *Ali Baba **a découvert** un trésor dans la caverne.*

un **défaut**

Un défaut, c'est quelque chose qui n'est pas bien : *la méchanceté et le mensonge sont des **défauts**.*
≠ Le contraire d'un défaut, c'est une qualité.

défendre

1. Défendre quelqu'un, c'est venir à son secours pour le protéger : *Hugo **défend** les plus petits.*
≠ Le contraire de défendre, c'est attaquer.

2. Défendre quelque chose, c'est dire qu'il ne faut pas le faire : *maman me **défend** de traverser la rue tout seul.*
= On dit aussi interdire.
≠ Le contraire de défendre, c'est permettre ou autoriser.

se **déguiser**

Se déguiser, c'est mettre des vêtements qui font ressembler à un personnage, à un animal ou à autre chose : *pour s'amuser Betty **s'est déguisée** avec des vêtements de sa grand-mère.*
➤ Pour se déguiser, on met un déguisement.

le **déjeuner**

1. Le déjeuner, c'est le repas de midi : *certains élèves vont à la cantine pour le **déjeuner**.*

2. Le petit déjeuner, c'est le repas du matin : *Nicolas mange des tartines au **petit déjeuner**.*
➤ Quand on prend son déjeuner ou son petit déjeuner, on déjeune.

demain

Demain, c'est le jour qui suit aujourd'hui : *nous sommes dimanche et **demain** nous serons lundi.*
≠ Le contraire de demain, c'est hier.

demander

1. Demander, c'est poser une question à quelqu'un : *papi **demande** à Clément s'il veut aller au zoo.*
2. Demander, c'est dire à quelqu'un ce qu'on veut ou ce qu'on désire : *j'**ai demandé** à mes parents un livre et des cassettes pour mon anniversaire.*

déménager

Déménager, c'est quitter sa maison pour aller habiter ailleurs : *quand on déménage, on transporte toutes les affaires de l'ancienne maison dans la nouvelle.*

➤ Déménager, c'est faire un déménagement.

une **dent**

1. Les **dents** poussent dans la bouche. Elles servent à mâcher et à croquer : *je me brosse les dents après chaque repas.*

➤ On nettoie ses dents avec du dentifrice. Le docteur qui soigne les dents est un ou une dentiste.

2. Les **dents** sont les pointes de certains objets : *un peigne, une fourchette ont des dents.*

*Une jeune fille
De quatre-vingt-dix ans
En mangeant d'la crème
S'est cassé une dent.*

démolir

Démolir une maison, c'est la casser complètement : *les ouvriers démolissent une vieille maison.*

= On dit aussi détruire.

≠ Le contraire de démolir, c'est construire.

dépasser

Dépasser, c'est passer devant : *la voiture jaune a dépassé la voiture rouge.*

se **dépêcher**

Se dépêcher, c'est faire les choses vite : *on est obligé de **se dépêcher** quand on est en retard.*
= On dit aussi se presser.

dernier, dernière

1. Le **dernier,** c'est celui qui vient après tous les autres : *Alexandre est arrivé le **dernier** de la course.*
≠ Le contraire du dernier, c'est le premier.

2. L'année **dernière,** c'est l'année qui était avant cette année : *j'ai appris à nager l'année **dernière.***
≠ Le contraire de l'année dernière, c'est l'année prochaine.

derrière

Derrière, c'est dans la partie qui est à l'arrière : *dans la voiture, les enfants se mettent **derrière.***
≠ Le contraire de derrière, c'est devant.

descendre

1. Descendre, c'est aller en bas : *Tom **descend** au rez-de-chaussée par les escaliers.*

2. Descendre, c'est porter en bas : *grand-père **a descendu** les valises dans la cave.*
≠ Le contraire de descendre, c'est monter.

un **désert**

Un **désert** est une région très sèche, sans eau, où presque rien ne pousse. Il est fait de sable et de pierres : *le plus grand **désert** du monde se trouve en Afrique, c'est le Sahara.*

désobéir

Désobéir, c'est faire ce qui est défendu : *nous avons été punis parce que nous avons désobéi.*

≠ Le contraire de désobéir, c'est obéir.

➤ Quand on désobéit, on est désobéissant.

le **désordre**

Le désordre, c'est quand des affaires traînent, quand rien n'est rangé : *la chambre de Loïc est en désordre.*

≠ Le contraire du désordre, c'est l'ordre.

un **dessert**

Un dessert, c'est un aliment sucré qu'on mange à la fin du repas : *les gâteaux, les glaces, les fruits sont des desserts.*

un **dessin**

1. Un **dessin,** ce sont des traits sur un papier qui représentent quelque chose : *Julien a fait un très joli dessin.*

➤ Faire un dessin, c'est dessiner.

2. Un **dessin animé,** c'est un petit film fait avec des dessins : *nous avons vu un dessin animé de Walt Disney : « Le Roi Lion ».*

dessous

Ce qui est **dessous** est sous quelque chose : *le chien n'est pas sur le fauteuil, il est dessous.*

≠ Le contraire de dessous, c'est dessus.

dessus

Ce qui est **dessus** est sur quelque chose : *le chat n'est pas sous le fauteuil, il est dessus.*

≠ Le contraire de dessus, c'est dessous.

détester

Détester, c'est ne pas aimer du tout :
*Léa **déteste** les épinards.*
≠ Le contraire de détester,
c'est adorer.

devant

Devant, c'est dans la partie
qui est à l'avant : *dans la voiture,
le conducteur est assis **devant.***
≠ Le contraire de devant,
c'est derrière.

deviner

Deviner, c'est trouver la réponse :
*quand on joue à colin-maillard,
on doit **deviner** qui on attrape.*
➤ Deviner, c'est aussi trouver
la solution d'une devinette.

dévorer

Dévorer,
c'est manger
avec beaucoup
d'appétit
et très vite :
*Caroline
dévore
une tarte.*

un **dictionnaire**

Un **dictionnaire,** c'est un livre
où les mots sont classés dans l'ordre
des lettres de l'alphabet. Il explique
ce que les mots veulent dire :
*il faut bien connaître l'alphabet pour
trouver un mot dans le **dictionnaire.***

différent, différente

Quand deux personnes, deux
animaux ou deux choses sont
différents, ils ne se ressemblent pas :
*ces deux chiens sont très **différents.***
≠ Le contraire de différent,
c'est pareil.

difficile

Une chose est **difficile** quand il faut faire beaucoup d'efforts pour la réussir : *c'est très **difficile** de jongler avec quatre balles.*

= On dit aussi compliqué ou dur.
≠ Le contraire de difficile, c'est facile ou simple.

un **dindon**

Un **dindon** est un gros oiseau. On l'élève dans une ferme pour sa viande :

*le **dindon** fait la roue en dressant les plumes de sa queue.*
➤ La femelle du dindon est la dinde. Le petit est le dindonneau.

le **dîner**

Le **dîner**, c'est le repas du soir : *en hiver, maman prépare souvent de la soupe pour le **dîner**.*
➤ Quand on prend son dîner, on dîne.

un **dinosaure**

Les **dinosaures** sont des animaux qui vivaient il y a très longtemps. Ils ont maintenant disparu : *il existait des **dinosaures** de toutes les tailles.*
Va voir « les dinosaures », page 256.

un **directeur,** une **directrice**

Un **directeur** et une **directrice** sont les personnes qui commandent, qui dirigent les autres : *maman a rendez-vous avec le **directeur** de la banque.*

la **direction**

La **direction**, c'est le chemin à suivre : *sur la route, un panneau indique la **direction** du château.*

a
b
c
d
e
f
g
h
i
j
k
l
m
n
o
p
q
r
s
t
u
v
w
x
y
z

disparaître

Quand une chose **disparaît**,
on ne la voit plus : *le matin, les étoiles*
disparaissent *du ciel.*
≠ Le contraire de disparaître,
c'est apparaître.

se **disputer**

Se disputer, c'est se dire des mots
méchants et crier : *Axel et Lucie*
se disputent *parce qu'ils veulent
le même jouet.*

un **disque**

Un **disque** est un objet
rond et plat.
Il contient
des chansons,
de la musique
et des histoires :
*en classe, nous avons écouté
le **disque** de « Pierre et le loup ».*
= On dit aussi un CD.

distribuer

Distribuer, c'est donner quelque
chose à chaque personne :
*Mehdi **distribue** les cartes à ses amis.*
➤ Distribuer, c'est faire
la distribution.

divorcer

Quand un homme et une femme
divorcent, ils ne sont plus mariés
et ils n'habitent plus ensemble :
*depuis que mes parents **ont divorcé,**
je les vois séparément.*

un **doigt**

Une main a cinq **doigts.** Ils servent
à toucher et à prendre : *chaque **doigt**
a un nom : le pouce, l'index, le majeur,
l'annulaire et l'auriculaire.*
➤ Les pieds ont aussi des doigts
qui s'appellent les « orteils ».
Va voir « le corps », page 272.

un **dompteur,** une **dompteuse**

Un **dompteur** et une **dompteuse** sont les personnes qui présentent des animaux sauvages au cirque. Ils leur apprennent à faire des choses difficiles : *le dompteur fait sauter le tigre dans un cerceau.*

donner

1. Donner, c'est faire un cadeau : *Paul donne une marguerite à Zoé.*
= On dit aussi offrir.

2. Donner une information, c'est la dire ou l'écrire : *Valentin m'a donné son adresse et son numéro de téléphone.*

dormir

Dormir, c'est fermer les yeux et trouver le sommeil pour se reposer : *il faut bien dormir la nuit pour être en forme pendant la journée.*

le **dos**

1. Le **dos,** c'est la partie du corps qui va du cou aux fesses : *Éva s'allonge sur le dos pour faire une galipette en arrière.*
2. Quand une personne est **de dos,** elle nous montre son dos : *sur le dessin, Léa est de dos.*
≠ Le contraire d'être de dos, c'est être de face.

doubler

Doubler, c'est passer devant : *une moto a doublé notre voiture.*
= On dit aussi dépasser.

a
b
c
d
e
f
g
h
i
j
k
l
m
n
o
p
q
r
s
t
u
v
w
x
y
z

doux, douce

1. Ce qui est **doux** est agréable à toucher : *le lapin de Théo a des poils très **doux**.*

2. Une personne **douce** est gentille et calme : *mamie est **douce**, elle ne crie jamais.*

un **drapeau**

Un **drapeau** est un morceau de tissu attaché à un bâton. Ses couleurs et ses dessins ont été choisis pour représenter un pays ou un groupe de pays : *le **drapeau** de l'Europe est bleu avec douze étoiles jaunes.*

le **droit**

Avoir le **droit** de faire quelque chose, c'est pouvoir le faire parce que c'est permis : *à la cantine, nous avons le **droit** de parler.*
= On dit aussi la permission.

droit, droite

1. Ce qui est **droit** ne tourne pas et n'est pas de travers : *l'architecte trace des lignes **droites** avec sa règle.*

2. La main **droite** est la main qui n'est pas du côté du cœur : *Lola écrit de la main **droite**.*
≠ Le contraire de droit, c'est gauche.
➤ Quand on écrit de la main droite, on est droitier.

un **dromadaire**

Un **dromadaire**, c'est un grand animal qui vit dans le désert. Il ressemble à un chameau mais il n'a qu'une seule bosse sur le dos : *un **dromadaire** peut rester longtemps sans manger et sans boire.*

dur, dure

1. Une chose **dure** ne se casse pas facilement : *le noyau des pêches est **dur**.*
≠ Le contraire de dur, c'est mou.
2. Ce qui est **dur** à faire demande des efforts : *quand on fait du coloriage, c'est **dur** de ne pas déborder.*
= On dit aussi difficile ou compliqué.
≠ Le contraire de dur, c'est simple.

embrasser

emporter

un **écureuil**

s'**enrhumer**

des **enveloppes**

des **éclairs**

un **escargot**

un **éléphant**

des **euros**

s'**égratigner**

l'**eau**

L'**eau** est un liquide transparent et sans odeur : *les humains, les animaux et les plantes ont tous besoin d'***eau*** pour vivre.*

échanger

Échanger, c'est donner une chose et en recevoir une autre à la place : *Thomas voudrait* ***échanger*** *ses gants contre la paire de baskets d'Agnès.*

une **échelle**

Une **échelle** est un objet fait de barreaux qui sert à monter et à atteindre quelque chose en hauteur : *on a installé une* ***échelle*** *pour monter dans le grenier.*

éclabousser

Éclabousser, c'est mouiller en envoyant de l'eau de tous les côtés : *dans la baignoire, Julie s'amuse à* ***éclabousser*** *Étienne.*
➤ Quand on se fait éclabousser, on reçoit des éclaboussures.

un **éclair**

1. Un **éclair,** c'est une lumière très forte qui fait des zigzags dans le ciel pendant un orage : *on voit l'***éclair*** avant d'entendre le bruit du tonnerre.*

2. Un **éclair,** c'est un gâteau long, avec de la crème parfumée au chocolat ou au café : *maman nous a acheté des* ***éclairs*** *pour le dessert.*

éclairer

Éclairer, c'est donner de la lumière : *le soir, les lampes **éclairent** la maison.*
➤ La lumière qui éclaire un endroit, c'est l'éclairage.

éclater

1. Éclater, c'est se déchirer d'un seul coup en faisant du bruit : *le pneu de la voiture **a éclaté**.*
= On dit aussi crever.

2. Éclater de rire, c'est se mettre tout à coup à rire très fort : *Manon **éclate** de rire en voyant Julien danser.*

écouter

Écouter, c'est faire attention à ce qu'on entend, aux bruits, aux paroles, aux sons : *Hugo **écoute** de la musique.*

écraser

1. Écraser, c'est aplatir quelque chose ou le mettre en petits morceaux en appuyant très fort dessus : *on **écrase** les pommes de terre pour faire de la purée.*

2. Écraser, c'est tuer une personne ou un animal en roulant sur eux avec une voiture : *les hérissons se font parfois **écraser** sur la route.*

une **école**

Une **école,** c'est l'endroit où les enfants vont pour apprendre plein de choses, par exemple à lire, à écrire et à compter : *dans une **école**, il y a souvent plusieurs classes et une grande cour.*
➤ Un enfant qui va à l'école est un écolier ou une écolière.
Va voir « l'école », page 278.

écrire

1. Écrire, c'est tracer des lettres ou des mots avec un crayon ou bien un stylo : *Fabien apprend à **écrire**.*

2. Écrire, c'est envoyer une lettre ou une carte à quelqu'un : *maman **écrit** à ses amis lorsqu'elle part en voyage.*

un **écureuil**

Un **écureuil** est un petit animal roux ou gris avec une longue queue touffue.
Il vit dans les bois : *l'écureuil mange des noisettes.*

effacer

Effacer, c'est faire disparaître ce qui est écrit ou dessiné : *la maîtresse efface le tableau.*

un **effort**

Faire un **effort,** c'est se donner du mal pour réussir quelque chose : *Benjamin et Inès font des efforts pour soulever le sac qui est lourd.*

effrayant

Ce qui est **effrayant** fait très peur : *la nuit dernière, Antonin a fait un cauchemar effrayant : il a rêvé qu'un loup voulait le manger.*
= On dit aussi horrible.

égal, égale

1. Des choses sont **égales** quand elles ont la même taille : *Vincent a coupé le gâteau en quatre parts égales.*

2. On dit : « ça m'est **égal** » quand quelque chose n'a pas d'importance pour nous.

égoïste

Être **égoïste**, c'est ne penser qu'à soi et jamais aux autres : *tu es **égoïste,** tu as mangé tous les chocolats sans nous en donner !*

l'**électricité**

L'**électricité** permet de s'éclairer, de se chauffer et de faire marcher des machines : *notre cuisinière fonctionne à l'**électricité.***

s'**égratigner**

S'égratigner, c'est se blesser en se coupant un tout petit peu la peau : *Marin **s'est égratigné** le genou en tombant.*

= On dit aussi s'écorcher.
➤ Quand on s'égratigne, on se fait une égratignure.

un **éléphant**

Un **éléphant** est un énorme animal gris qui vit dans les pays chauds. Il a de grandes oreilles, une trompe et des défenses : *les **éléphants** mangent de l'herbe.*

➤ La femelle est l'éléphante. Le petit est l'éléphanteau.

un **élastique**

Un **élastique,** c'est une bande ou un fil en caoutchouc qui peut s'étirer et qui reprend sa forme quand on le lâche :

*Nassera a attaché ses cheveux avec un gros **élastique** jaune.*

un **élève,** une **élève**

Un **élève** et une **élève** sont des enfants qui vont à l'école : *les **élèves** travaillent dans la classe.*
= On dit aussi un écolier et une écolière.

s'**éloigner**

S'éloigner, c'est s'en aller plus loin : *le train part, il **s'éloigne** de la gare.*
≠ Le contraire de s'éloigner, c'est s'approcher.

un **embouteillage**

Un **embouteillage** se forme quand les voitures sont trop nombreuses sur la route et qu'elles ne peuvent plus avancer : *il y a souvent des **embouteillages** au moment des départs en vacances.*

emmener

Emmener quelqu'un, c'est le faire venir avec soi dans un endroit : *papa nous **emmène** jouer au parc.*
= On dit aussi accompagner.

empêcher

Empêcher, c'est rendre quelque chose impossible : *parfois, le mauvais temps nous **empêche** de sortir.*
≠ Le contraire d'empêcher, c'est permettre.

embrasser

Embrasser, c'est donner des baisers : *Félix **embrasse** son amie Élodie.*

emporter

Emporter quelque chose, c'est le prendre avec soi quand on part : *Julie **emporte** sa poupée en vacances.*
≠ Le contraire d'emporter, c'est laisser.

enceinte

Une femme **enceinte** porte un bébé dans son ventre : *la tante de Lola est **enceinte** ; son bébé va bientôt naître.*

s'**endormir**

S'endormir, c'est commencer à dormir : *ne fais pas de bruit, Pierrot vient de **s'endormir** !*
≠ Le contraire de s'endormir, c'est se réveiller.

*Il **s'endort,** le petit Pierrot
Dans son blanc berceau de dentelles.
Il **s'endort,** le petit Pierrot,
Pas de bruit, fermons les rideaux.*

un **endroit**

1. Un **endroit,** c'est une place ou un lieu précis : *Hugo ne sait plus à quel **endroit** il a mis son cartable.*
2. L'**endroit,** c'est le côté de quelque chose qu'on doit voir, c'est le bon côté : *Fanny retourne son pull pour le mettre à l'**endroit**.*
≠ Le contraire de l'endroit, c'est l'envers.

s'**énerver**

S'énerver, c'est se mettre en colère : *Héloïse **s'énerve** parce que son bifteck est trop dur.*

un **enfant,** une **enfant**

1. Un **enfant** est un petit garçon et une **enfant** est une petite fille : *plus tard, les **enfants** deviennent des grandes personnes.*

2. Un **enfant,** c'est le fils ou la fille d'une personne : *nos voisins ont deux **enfants,** Lucie et Antoine.*

enfermer

Enfermer une personne ou un animal, c'est les mettre dans un endroit fermé d'où ils ne peuvent pas sortir : *on **enferme** les oiseaux dans une cage pour qu'ils ne s'envolent pas.*

enfiler

1. Enfiler un vêtement, c'est le mettre : *Tom **enfile** sa cagoule.*

2. Enfiler des perles, c'est passer un fil dans le trou des perles : *Léa **enfile** des perles pour faire un collier.*

enfoncer

Enfoncer, c'est faire entrer quelque chose dans un mur ou dans du bois : *papa tape avec son marteau pour **enfoncer** un clou.*

s'**enfuir**

S'enfuir, c'est partir très vite : *le voleur **s'est enfui** quand il a vu un policier.*
= On dit aussi se sauver.

enlever

1. Enlever un vêtement, c'est retirer un vêtement qu'on portait sur soi : *Marie **enlève** son pull parce qu'elle a trop chaud.*
≠ Le contraire d'enlever, c'est mettre ou enfiler.

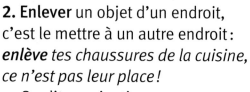

2. Enlever un objet d'un endroit, c'est le mettre à un autre endroit : ***enlève** tes chaussures de la cuisine, ce n'est pas leur place !*
= On dit aussi retirer.

un **ennemi,** une **ennemie**

Un **ennemi,** une **ennemie,**
c'est une personne qui déteste
quelqu'un et qui cherche à être
méchante avec lui : *dans les contes,*
le héros doit se battre contre
ses **ennemis.**
≠ Le contraire d'un ennemi,
c'est un ami.

s'**enrhumer**

S'enrhumer,
c'est attraper
un rhume :
Fabrice
s'est enrhumé,
il a le nez
qui coule.

s'**ennuyer**

S'ennuyer, c'est ne pas savoir
quoi faire et trouver
que le temps
ne passe pas vite :
Laura **s'ennuie**
parce qu'elle
est toute
seule.

ensuite

Ensuite, c'est plus tard : *le matin,*
je me lave et **ensuite** *je m'habille.*
= On dit aussi après.
≠ Le contraire d'ensuite,
c'est d'abord ou avant.

entendre

1. On **entend** les bruits, les paroles,
les sons avec ses oreilles :
on peut **entendre** *le bruit de la mer*
dans certains coquillages.

2. S'entendre bien, c'est être contents
d'être ensemble, c'est être amis :
Flore et Nicolas **s'entendent** *bien.*

énorme

Être **énorme,** c'est être très gros
et très grand : *l'éléphant*
est un animal
énorme.
= On dit
aussi
gigantesque.
≠ Le contraire
d'énorme,
c'est minuscule.

entourer

1. Entourer, c'est être autour : *une grille **entoure** le parc.*

2. Entourer, c'est mettre quelque chose autour : *Étienne **entoure** les triangles sur son cahier.*

entrer

Entrer, c'est aller à l'intérieur : *il pleut ! **Entrons** vite dans la maison.*
≠ Le contraire d'entrer, c'est sortir.
➤ L'endroit par où l'on entre, c'est l'entrée.

une **enveloppe**

Une **enveloppe,** c'est une pochette en papier faite pour mettre une lettre et l'envoyer : *on écrit l'adresse et on colle un timbre sur l'**enveloppe.***

l'**envers**

L'**envers,** c'est le côté de quelque chose qu'on ne doit pas voir, c'est le mauvais côté : *Thomas a mis sa chaussette à l'**envers.***
≠ Le contraire de l'envers, c'est l'endroit.

s'**envoler**

S'envoler, c'est partir dans le ciel en volant : *les pigeons **se sont envolés** dès qu'ils ont vu Pierre arriver.*
≠ Le contraire de s'envoler, c'est se poser.

*Un petit bonhomme
Assis sur une pomme.
La pomme dégringole
Le petit bonhomme **s'envole**...*

envoyer

1. Envoyer un objet, c'est le lancer :
*le footballeur **envoie** le ballon
dans le but.*

2. Envoyer une lettre, c'est la mettre
à la poste pour que quelqu'un
la reçoive : *mamie **a envoyé** une lettre
à Alexis pour son anniversaire.*
≠ Le contraire d'envoyer,
c'est recevoir.

épais, épaisse

Ce qui est **épais** est très gros :
*les murs d'un château fort sont **épais**.*
≠ Le contraire d'épais, c'est mince
ou fin.

une épée

Une **épée,** c'est une arme. Elle a une lame
longue et pointue et une poignée :
*autrefois, les chevaliers se battaient
à l'**épée**.*

un épi

Un **épi,** c'est le bout
de la tige d'une céréale
où se trouvent
les grains :
*le blé et le maïs
forment des **épis**.*

une épine

Une **épine** est une petite pointe
piquante qui pousse sur la tige

de certaines
plantes :
*sur les tiges
des ronces,
il y a des **épines**.*

éplucher

Éplucher, c'est enlever la peau
d'un fruit ou d'un légume :
*le singe **épluche** une banane.*
➤ Les morceaux qu'on a enlevés
en épluchant sont les épluchures.

une **éponge**

Une **éponge,** c'est un objet mou qui retient l'eau. Elle sert à nettoyer : *on nettoie la table avec une éponge après les repas.*

l'**équilibre**

Garder l'**équilibre,** c'est réussir à ne pas tomber : *le funambule arrive à garder l'équilibre sur un fil.*

un **escalier**

Un **escalier** sert à monter ou à descendre à pied des étages. Il a un nombre de marches plus ou moins grand : *le long d'un escalier, il y a souvent une rampe pour se tenir.*

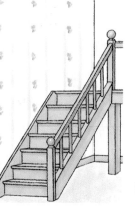

un **escargot**

Un **escargot** est un petit animal au corps mou avec une coquille sur le dos.
Il a quatre cornes pour toucher et pour voir : *les escargots avancent très lentement en rampant.*

espérer

Espérer, c'est avoir envie que quelque chose arrive : *j'espère qu'il y aura de la neige à Noël.*
➤ Quand on espère, on a de l'espoir.

essayer

1. Essayer, c'est faire un effort pour réussir quelque chose : *mon petit frère essaie de marcher tout seul.*

2. Essayer un vêtement, c'est le mettre sur soi pour voir s'il va bien : *Maxime essaie un pull mais il est trop grand pour lui.*

l'essence

L'**essence** est un liquide qu'on met dans le réservoir d'une voiture pour la faire avancer : *on achète l'essence dans une station-service.*

essuyer

Essuyer, c'est frotter pour enlever de l'eau ou de la poussière : *Hélène et Léo essuient la vaisselle avec un torchon.*

un **étage**

Les **étages** d'un immeuble, ce sont les différents niveaux, placés les uns au-dessus des autres : *cet immeuble a trois étages : il y a un balcon au premier.*

une **étagère**

Une **étagère,** c'est une planche sur un mur, dans un placard ou une bibliothèque. Elle sert à poser des objets : *papi monte des étagères pour ranger les livres d'Agathe.*

l'**été**

L'**été** est la saison qui vient après le printemps et avant l'automne. C'est la saison la plus chaude de l'année : *en été, je passe les vacances à la campagne.*

éteindre

1. Éteindre un feu, c'est l'arrêter, faire en sorte qu'il ne brûle plus : *les pompiers* ***éteignent*** *l'incendie.*

2. Éteindre une lampe, c'est appuyer sur le bouton pour que la lampe n'éclaire plus : *Amélie* ***éteint*** *avant de s'endormir.*

≠ Le contraire d'éteindre, c'est allumer.

éternuer

Éternuer, c'est rejeter d'un seul coup de l'air par le nez et par la bouche, sans pouvoir s'en empêcher : *quand on* ***éternue,*** *ça fait du bruit !*

une **étiquette**

Une **étiquette,** c'est un petit morceau de papier collé sur un objet. Elle sert à donner une information : *on écrit son nom sur l'***étiquette*** de ses cahiers.*

une **étoile**

Les **étoiles** sont des astres qui brillent la nuit dans le ciel. On les voit quand il n'y a pas de nuages : *les* ***étoiles*** *ont l'air toutes petites parce qu'elles sont très loin de nous.*

➤ Un ciel couvert d'étoiles est étoilé.

étonner

Étonner, c'est provoquer de la surprise : *ça* ***étonne*** *grand-père que je sache déjà nager.*

= On dit aussi surprendre.

étourdi, étourdie

Être **étourdi,** c'est ne pas faire attention à ce qu'on fait : *Joséphine est vraiment* ***étourdie,*** *elle a oublié de mettre ses chaussures pour sortir !*

= On dit aussi distrait.

être

1. Être s'emploie pour décrire quelqu'un ou quelque chose :
*Alice **est** une grande fille très gentille.*
*Le gâteau **est** bon.*
2. Être quelque part, c'est s'y trouver :
*Manon et Pierre **sont** à la plage.*
3. Être à quelqu'un, c'est lui appartenir : *ce jouet **est** à moi.*

étroit, étroite

Ce qui est **étroit** est resserré, n'est pas large : *le pont est très **étroit**, les voitures y passent une par une.*

l'euro

L'**euro**, c'est l'argent des pays d'Europe : *il y a des pièces et des billets en **euros**.*

s'excuser

S'excuser, c'est demander pardon :
*Tom **s'excuse** parce qu'il a bousculé la dame avec sa trottinette.*

Pardon, Madame.

un exemple

Un **exemple,** c'est un modèle qui aide à faire comprendre ce qu'on explique : *dans ce dictionnaire, chaque explication d'un mot est suivie d'un **exemple.***

un exercice

Un **exercice,** c'est ce qu'on fait pour s'entraîner : *Camille fait des **exercices** de gymnastique.*

a
b
c
d
e
f
g
h
i
j
k
l
m
n
o
p
q
r
s
t
u
v
w
x
y
z

exister

Exister, c'est être réel, c'est être en vie pour de vrai : *Lola se demande parfois si les fées* **existent.**

expliquer

Expliquer, c'est chercher à faire comprendre quelque chose à quelqu'un : *Vanessa* **explique** *à son ami à quoi sert une boussole et comment elle fonctionne.*

➤ Quand on explique quelque chose, on donne une explication.

l'**extérieur**

Ce qui est à l'**extérieur** est au-dehors : *quand il fait beau, nous déjeunons à l'extérieur.*

≠ Le contraire de l'extérieur, c'est l'intérieur.

extraordinaire

Une chose **extraordinaire,** c'est une chose qu'on n'a pas l'habitude de voir et qui étonne : *Mathilde sait déjà lire à quatre ans : c'est* **extraordinaire !**

= On dit aussi étonnant.

≠ Le contraire d'extraordinaire, c'est ordinaire ou banal.

C'est un jardin **extraordinaire !** *Il y a des canards qui parlent anglais...*

un **extraterrestre**

Un **extraterrestre,** c'est quelqu'un qui vit sur une autre planète que la Terre : *Pierre raconte à ses amis qu'il a vu des* **extraterrestres.**

de **face**

un **faon**

fondre

une **fée**

un **fantôme**

des **feuilles**

se **faner**

une **fraise**

une **fourmi**

une **fille**

un **fils**

fabriquer

Fabriquer un objet, c'est le faire en utilisant plusieurs choses différentes : *on **fabrique** les voitures dans des usines.*

une **face**

1. Une **face,** c'est chacun des côtés d'un objet : *un dé a six **faces**.*

2. Quand une personne est **de face,** elle nous montre son visage : *sur le dessin, Léa est **de face**.*
≠ Le contraire d'être de face, c'est être de dos.

se **fâcher**

Se fâcher, c'est se mettre en colère : *la maman de Sébastien **se fâche** parce qu'il joue avec un briquet.*

facile

Une chose est **facile** quand on peut la réussir sans faire beaucoup d'efforts : *c'est **facile** de rattraper une balle sans la faire tomber.*
= On dit aussi simple.
≠ Le contraire de facile, c'est difficile.
➤ Une chose facile se fait facilement.

un **facteur,** une **factrice**

Un **facteur** et une **factrice** sont les personnes qui apportent le courrier chez les gens. Ils travaillent pour la poste : *le **facteur** va déposer des lettres dans la boîte aux lettres.*

faible

Être **faible,** c'est manquer de forces :
*le malade va mieux, mais il se sent
encore un peu **faible.***

≠ Le contraire de faible, c'est fort.

la **faim**

1. Avoir faim, c'est avoir envie
de manger : *Camille **a faim**
quand elle rentre de l'école.*
2. On dit : « j'ai une **faim** de loup »
quand on a une très grande faim.

*L'ogre a mangé tonton,
Deux énormes moutons,
Trois mètres de boudin
Et il **a** toujours **faim !***

faire

1. Faire, c'est fabriquer : *les pâtissiers
savent **faire** des gâteaux.*
2. Faire, c'est être occupé à quelque
chose : *Franck sait toujours quoi **faire**
le mercredi.*
3. Faire une promenade,
c'est se promener : *mamie aime bien
faire une promenade le matin.*

une **famille**

Dans une **famille,** il y a les parents,
les enfants, les grands-parents,
et aussi les oncles, les tantes
et les cousins : *la **famille** s'est réunie
pour regarder les photos.*

se **faner**

Une fleur **se fane** quand
elle devient sèche
et perd ses couleurs
et ses pétales :
*les anémones
se fanent vite.*

un **fantôme**

On dit qu'un
fantôme est un
mort qui revient sur
terre. Il est invisible
et il peut traverser
les murs. Il y a souvent des fantômes
dans les histoires qui font peur :
*Paul raconte qu'il a vu un **fantôme**
dans le château.*

a
b
c
d
e
f
g
h
i
j
k
l
m
n
o
p
q
r
s
t
u
v
w
x
y
z

un **faon**

Le **faon** est le petit de la biche et du cerf : *« Bambi » est un film qui raconte l'histoire d'un faon.*

une **farce**

Une **farce** est une plaisanterie qu'on fait à quelqu'un pour s'amuser : *papi fait une farce à Fanny : il lui accroche un poisson dans le dos.*
= On dit aussi un tour.
➤ Un farceur et une farceuse aiment bien faire des farces.

fatigué, fatiguée

Être **fatigué,** c'est avoir besoin de se reposer parce qu'on n'a plus de forces : *après sa journée d'école, Charlotte est très fatiguée.*
≠ Le contraire de fatigué, c'est reposé.
➤ On est fatigué quand on a fait quelque chose de fatigant.

un **fauteuil**

Un **fauteuil** est une sorte de chaise très confortable avec deux parties, qu'on appelle « les accoudoirs », pour poser les bras : *j'aime bien m'asseoir dans un fauteuil pour regarder un livre.*

faux, fausse

Quelque chose est **faux** quand ce n'est pas la vérité : *tu dis que j'ai cassé ta poupée, mais c'est faux!*
≠ Le contraire de faux, c'est vrai.

une **fée**

Une **fée** est un personnage imaginaire féminin qui peut faire des choses extraordinaires avec sa baguette magique.
Il y a souvent des fées dans les contes : *dans l'histoire de Cendrillon, la fée transforme d'un coup de baguette une citrouille en carrosse.*

une **femelle**

Une **femelle** est un animal qui peut avoir des petits. Elle les porte dans son ventre ou elle pond des œufs : *la chatte est la **femelle** du chat ; la poule est la **femelle** du coq.*

➤ Un animal qui fait des petits avec une femelle est un mâle.

une **ferme**

Une **ferme,** c'est une grande maison à la campagne, où l'on élève des animaux. Elle a une cour et elle est entourée de champs : *dans cette **ferme,** on élève des poules et des cochons.*

➤ Les habitants de la ferme sont le fermier et la fermière.

Va voir « la ferme », page 282.

une **femme**

1. Une **femme** est une grande personne de sexe féminin : *les petites filles deviennent plus tard des **femmes.***

= On dit aussi une dame.

➤ Une grande personne de sexe masculin, c'est un homme.

2. La **femme** d'un homme est la personne qui est mariée avec lui : *ma tante est la **femme** de mon oncle.*

➤ L'homme qui est marié avec une femme est son mari.

fermer

1. Quand on **ferme** une porte, on ne peut plus entrer ni sortir : *papi **ferme** la porte du garage.*

2. Fermer un robinet, c'est le tourner pour empêcher l'eau de couler : *j'**ai** bien **fermé** le robinet.*

≠ Le contraire de fermer, c'est ouvrir.

left-margin: a b c d e f g h i j k l m n o p q r s t u v w x y z

une **fête**

1. Faire une **fête**, c'est inviter des amis pour que tout le monde s'amuse : *Laure fait une fête pour son anniversaire.*

2. La **fête** des Mères, c'est le jour de l'année où l'on fête toutes les mamans : *pour la fête des Mères, Pierre offre des fleurs.*

un **feu d'artifice**

Un **feu d'artifice,** ce sont des petites fusées lumineuses de toutes les couleurs qu'on envoie dans le ciel, les soirs de fête : *en France, on fait des feux d'artifice pour le 14 Juillet.*

le **feu**

1. Pour faire du **feu,** on fait brûler du papier ou du bois : *le feu est dangereux, car il fait des flammes qui brûlent.*

2. Les **feux** sont les lumières vertes, orange et rouges qui sont de chaque côté d'une rue. Ils servent à régler la circulation : *quand le feu est au rouge, les voitures doivent s'arrêter, les piétons peuvent traverser.*

une **feuille**

1. Une **feuille,** c'est la partie d'une plante, le plus souvent verte et plate, qui pousse sur la tige : *en automne, de nombreux arbres perdent leurs feuilles.*

2. Une **feuille** de papier est un morceau de papier qui sert à écrire ou à dessiner : *Inès a écrit son nom sur une feuille.*

une **ficelle**

Une **ficelle,** c'est une corde très mince. Elle est faite de plusieurs fils tordus ensemble : *on attache un paquet avec une **ficelle**.*

la **figure**

La **figure** est le devant de la tête : *Marie a des taches de rousseur sur la **figure**.*
= On dit aussi le visage.

un **fil**

1. Un **fil** est un long brin de coton, de Nylon ou de soie : *on coud avec du **fil** et une aiguille.*

2. Un **fil électrique** est un morceau de métal long et très mince entouré de plastique. Il sert à faire arriver l'électricité dans une lampe ou dans une machine : *ne joue pas avec le **fil électrique**, c'est dangereux!*

une **fille**

1. Une **fille** est un enfant de sexe féminin qui deviendra une femme : *Éva est une **fille**.*
➤ Un enfant qui deviendra un homme, c'est un garçon.
2. La **fille** d'une personne, c'est son enfant qui est une fille : *nos voisins ont deux **filles**.*
➤ L'enfant garçon d'une personne, c'est son fils.

*Sire le Roi, donnez-moi votre **fille**,*
Et ri et ran, ran-pa-ta-plan,
*Donnez-moi votre **fille**.*

un **film**

Un **film** est une histoire en images qu'on regarde sur un écran de cinéma ou à la télévision : *nous regardons un **film** sur les animaux.*

f

un **fils**

Le **fils** d'une personne, c'est son enfant qui est un garçon : *notre voisine a un fils.*
➤ L'enfant fille d'une personne, c'est sa fille.

une **flèche**

1. Une **flèche** est une longue tige de bois ou de plastique pointue à un bout : *on tire des flèches avec un arc.*
➤ Une petite flèche est une fléchette.

2. Une **flèche** est un dessin qui indique dans quel sens il faut aller : *pour trouver la sortie du magasin, suivez les flèches !*

finir

Finir quelque chose, c'est le faire jusqu'au bout : *quand j'ai fini de me laver, je m'habille.*
= On dit aussi terminer.
≠ Le contraire de finir, c'est commencer.
➤ Le moment où quelque chose finit, c'est la fin.

une **fleur**

Une **fleur,** c'est la partie d'une plante qui a des pétales : *certaines fleurs sentent très bon.*
➤ Quand les fleurs s'ouvrent, elles fleurissent. On achète des fleurs chez un ou une fleuriste.
Va voir « les fleurs », page 268.

une **flamme**

Une **flamme** se dégage de quelque chose qui brûle. Elle fait de la lumière et de la chaleur, et elle a de jolies couleurs : *quand on frotte une allumette, une flamme apparaît.*

un **flocon**

Un **flocon** de neige est un petit

morceau de neige, très léger : *la neige tombe du ciel en flocons.*

flotter

Flotter, c'est rester à la surface de l'eau : *le bouchon, le bateau et le morceau de bois **flottent**.*

≠ Le contraire de flotter, c'est couler.

foncé, foncée

Une couleur **foncée** est plus près du noir que du blanc : *Julia a une jupe bleu **foncé**.*

= On dit aussi sombre.

≠ Le contraire de foncé, c'est clair.

le **fond**

1. Le **fond** est la partie la plus basse de quelque chose : *il reste du jus d'orange dans le **fond** du verre.*

2. Le **fond** est la partie la plus éloignée de l'entrée : *la salle de bains est au **fond** du couloir.*

fondre

1. Fondre, c'est devenir liquide : *la glace d'Alexandre **fond** au soleil.*

2. Fondre, c'est se mélanger à un liquide et devenir invisible : *le sucre **fond** dans l'eau.*

une **fontaine**

Une **fontaine** est une petite construction avec un bassin où coule de l'eau : *il y a une **fontaine** sur la place du village.*

*À la claire **fontaine**
M'en allant promener,
J'ai trouvé l'eau si belle
Que je m'y suis baignée...*

une **forêt**

Une **forêt** est un endroit où un grand nombre d'arbres poussent les uns à côté des autres. C'est un grand bois : *les écureuils, les sangliers, les cerfs vivent dans la **forêt**.*

Va voir « la forêt », page 284.

a b c d e f g h i j k l m n o p q r s t u v w x y z

une **forme**

1. La **forme,** c'est le contour, le dessin de quelque chose : *parfois les nuages ont de drôles de formes.*

2. Le carré, le cercle, le triangle et le rectangle sont des **formes** géométriques : *j'ai dessiné des formes sur mon cahier.*

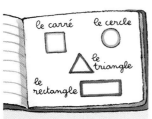

3. Être **en forme,** c'est être en bonne santé et avoir des forces : *pour être en forme, il faut se coucher tôt et bien se nourrir.*

fort, forte

1. Être **fort,** c'est avoir de bons muscles et pouvoir porter des choses lourdes : *il faut être vraiment fort pour soulever ces haltères !*

➤ Quand on est fort, on a de la force.

2. Un son **fort,** c'est un son qu'on entend de loin : *baisse un peu la télé, le son est trop fort !*

≠ Le contraire de fort, c'est faible.

fou, folle

1. Être **fou,** être **folle,** c'est ne pas savoir ce qu'on fait ni ce qu'on dit : *j'ai vu un monsieur qui parlait tout seul, il avait l'air un peu fou.*

2. On dit : « je suis **fou** de joie » quand on est très joyeux.

une **foule**

Une **foule,** c'est un grand nombre de personnes qui sont ensemble au même endroit : *Paul tient sa mère par la main pour ne pas se perdre dans la foule.*

une **fourchette**

Une **fourchette** est un objet fait d'un manche et de plusieurs pointes. Elle sert à piquer les aliments : *on utilise une fourchette pour manger.*

une **fourmi**

1. Une **fourmi** est un tout petit insecte noir ou rouge qui vit en groupes : *les fourmis passent leur temps à travailler.*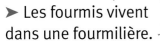

➤ Les fourmis vivent dans une fourmilière.

2. On dit : « j'ai des **fourmis** dans les jambes » quand on a l'impression que les jambes piquent à l'intérieur.

*Une **fourmi** de dix-huit mètres*
Avec un chapeau sur la tête,
Ça n'existe pas, ça n'existe pas…

fragile

Un objet **fragile** se casse ou s'abîme facilement : *les verres sont **fragiles**.*
≠ Le contraire de fragile, c'est solide.

frais, fraîche

1. Ce qui est **frais** est un peu froid : *Léo a chaud, il boit de l'eau **fraîche**.*
2. Ce qui est **frais** vient d'être fabriqué, cueilli ou pêché : *maman achète du poisson **frais** sur le marché.*

une **fraise**

Une **fraise** est un petit fruit rouge et sucré : *on mange des **fraises** en été.*
➤ Les fraises poussent sur les fraisiers.

frapper

1. **Frapper** quelqu'un, c'est lui donner des coups : *notre voisin est méchant, il **a frappé** son chien.*
= On dit aussi battre ou taper.
2. **Frapper** à la porte, c'est donner des petits coups sur la porte pour demander à entrer : *Lola **frappe** à la porte de la chambre de son frère.*

un **frère**

Un **frère**, c'est un garçon qui a les mêmes parents qu'un autre enfant : *Nicolas est le **frère** de Chloé.*
➤ Chloé est la sœur de Nicolas.

froid, froide

1. Ce qui est **froid** a une température basse : *l'eau qui sort du réfrigérateur est froide.*

≠ Le contraire de froid, c'est chaud.

2. On dit : « **il fait froid** » quand la température est basse, quand le temps est froid : *il faut bien se couvrir quand il fait froid.*

un **fromage**

Le **fromage** est un aliment fait avec du lait de vache, de brebis ou de chèvre : *le camembert, le gruyère, le roquefort sont des fromages.*

frotter

Frotter, c'est passer plusieurs fois une chose sur une autre chose en appuyant : *Gaëlle frotte sa figure avec un gant de toilette.*

un **fruit**

Un **fruit,** c'est un aliment, sucré le plus souvent, qui pousse sur un arbre ou sur une plante. Il peut contenir des pépins ou un noyau : *les poires et les prunes sont des fruits.*

Va voir « les fruits », page 270.

la **fumée**

La **fumée,** c'est une sorte de nuage gris ou blanc qui sort d'un feu ou d'une cigarette : *en hiver, on peut voir de la fumée sortir des cheminées.*

une **fusée**

Une **fusée** est une machine de forme allongée qui permet de voyager très loin dans le ciel. Elle va plus vite qu'un avion : *les astronautes vont sur la Lune dans une fusée.*

une **grappe**

une **grimace**

se **gratter**

une **guêpe**

une **girafe**

un **gâteau**

une **grenouille**

g g G G

un **grenier**

glisser

gagner

Gagner, c'est être le meilleur, le plus fort : *Julien et Aziz* **ont gagné** *la partie de dominos.*

≠ Le contraire de gagner, c'est perdre.

➤ Une personne qui gagne est un gagnant ou une gagnante.

gai, gaie

Être **gai,** c'est être toujours de bonne humeur et aimer rire : *Léa est une fille très* **gaie.**

= On dit aussi joyeux.

≠ Le contraire de gai, c'est triste.

une galette

Une **galette** est un gâteau rond et plat, à la croûte dorée : *il y a une fève dans la* **galette** *des Rois.*

un garage

1. Un **garage** est un endroit couvert et fermé pour mettre les voitures à l'abri : *le matin, maman sort la voiture du* **garage.**

2. Un **garage** est un endroit où l'on répare les voitures : *papa a conduit la voiture au* **garage** *parce qu'elle démarrait mal.*

➤ Une personne qui travaille dans un garage est un ou une garagiste.

un **garçon**

Un **garçon** est un enfant de sexe masculin qui deviendra un homme : *Axel est un petit **garçon** de cinq ans.*

➤ Un enfant de sexe féminin, c'est une fille.

garder

1. Garder, c'est surveiller pour protéger : *quand nous ne sommes pas là, le chien **garde** la maison.*

➤ Une personne qui garde un endroit est un gardien ou une gardienne.

2. Garder un objet, c'est ne pas s'en séparer : *mamie **a gardé** tous ses jouets d'enfant.*

= On dit aussi conserver.

≠ Le contraire de garder, c'est jeter.

une **gare**

Une **gare**, c'est l'endroit d'où partent les trains et là où ils s'arrêtent : *nous prenons le train à la **gare**.*

un **gâteau**

Un **gâteau** est un dessert fait avec de la farine, des œufs, du sucre et du beurre. Il est souvent cuit au four dans un moule : *maman a fait un **gâteau** au chocolat.*

gauche

La main **gauche** est la main qui est du côté où notre cœur bat : *papa écrit de la main **gauche**.*

≠ Le contraire de la main gauche, c'est la main droite.

➤ Quand on écrit de la main gauche, on est gaucher.

a
b
c
d
e
f
g
h
i
j
k
l
m
n
o
p
q
r
s
t
u
v
w
x
y
z

un **géant,** une **géante**

Un **géant** et une **géante** sont des personnes d'une taille extrêmement grande. Il y a parfois des géants dans les histoires : *le **géant** Gulliver enjambe les montagnes.*
≠ Le contraire d'un géant, c'est un nain.

geler

1. Geler, c'est se transformer en glace : *dans les pays froids, l'eau des lacs **gèle** en hiver.*
≠ Le contraire de geler, c'est dégeler.

2. On dit : « je **gèle** » quand on a très froid.

gentil, gentille

Être **gentil,** c'est aimer faire plaisir aux autres : *ma sœur est très **gentille,** elle me prête souvent ses jouets.*
≠ Le contraire de gentil, c'est méchant.
➤ La qualité d'une personne gentille, c'est la gentillesse.

un **geste**

Un **geste,** c'est un mouvement qu'on fait avec les bras, les mains ou la tête : *Clara fait de grands **gestes** pour dire au revoir.*

une **girafe**

Une **girafe** est un animal très grand qui vit en Afrique. Elle a des pattes et un cou très longs : *dans la savane, les **girafes** mangent les feuilles des arbres.*
➤ Le petit de la girafe est le girafon.

une **glace**

1. Une **glace** est une plaque de verre spéciale, où l'on peut voir son image : *maman se maquille devant une glace.*
= On dit aussi un miroir.

2. La **glace,** c'est de l'eau qui est devenue très dure à cause du froid : *on fait du patin sur la glace.*
➤ Une eau froide comme de la glace est glacée.

3. Une **glace** est une crème sucrée très froide : *j'adore les glaces aux fruits.*

une **gomme**

Une **gomme** est un objet qui sert à effacer les traits de crayon : *Éva efface une partie de son dessin avec sa gomme.*
➤ Une gomme sert à gommer.

glisser

1. Glisser, c'est avancer vite sur une surface unie et douce : *nous glissons sur le toboggan.*

2. Glisser, c'est perdre l'équilibre : *Camille a glissé sur le parquet ciré.*
➤ On risque de glisser sur une chose glissante.

gonfler

1. Gonfler, c'est remplir d'air : *Marin gonfle son ballon en soufflant dedans.*
≠ Le contraire de gonfler, c'est dégonfler.

2. Gonfler, c'est devenir plus gros : *Julien est tombé et son poignet s'est mis à gonfler.*
= On dit aussi enfler.

g

la **gorge**

La **gorge,** c'est le fond de la bouche. Les aliments qu'on avale passent par la gorge : *quand on est enrhumé, on a souvent mal à la* **gorge.**

gourmand, gourmande

Être **gourmand,** c'est aimer beaucoup manger de bonnes choses : *Hugo est* **gourmand,** *il a mangé tous les chocolats !*

➤ Une personne gourmande mange par gourmandise.

un **goût**

1. Le **goût** d'un aliment, c'est ce qu'on sent dans la bouche quand on le mange : *Antoine n'aime pas le* **goût** *des épinards.*

2. Avoir les mêmes **goûts,** c'est aimer les mêmes choses : *deux amis ont souvent les mêmes* **goûts.**

le **goûter**

Le **goûter,** c'est le petit repas qu'on prend au milieu de l'après-midi : *pour mon* **goûter,** *je prends un verre de lait et un petit pain avec une barre de chocolat.*

➤ Quand on prend son goûter, on goûte.

une **goutte**

Une **goutte,** c'est une toute petite boule de liquide : *il commence à pleuvoir, j'ai reçu quelques* **gouttes.**

Goutte, gouttelette de pluie
Mon chapeau se mouille.
Goutte, gouttelette de pluie
Mes souliers aussi...

un **grain**

1. Un **grain,** c'est le fruit de certaines plantes : *le riz et le blé donnent des* **grains.**

2. Un **grain** de sable est un minuscule morceau de sable : *un* **grain** *de sable dans l'œil, ça fait pleurer.*

une **graine**

La **graine** est la partie d'une plante qui donne une nouvelle plante quand on la met dans la terre : *hier, papi a semé des **graines** de marguerites dans le jardin.*

une **grappe**

Une **grappe,** ce sont des fruits ou des fleurs qui poussent ensemble sur une même tige : *on cueille les **grappes** de raisin à l'automne.*

grand, grande

1. Être **grand,** c'est avoir une taille haute : *Alex est plus **grand** qu'Élodie.*
➤ Devenir plus grand, c'est grandir.

2. Être **grand,** c'est être plus âgé : *Raphaël veut être médecin quand il sera **grand.***

3. Ce qui est **grand** occupe beaucoup de place : *mamie a un **grand** appartement.*
≠ Le contraire de grand, c'est petit.

se **gratter**

Se gratter, c'est frotter une partie de son corps avec ses ongles, ou avec ses griffes quand on est un animal : *Mathieu **se gratte** la tête parce qu'il a des poux.*

grave

1. Un accident **grave,** une maladie **grave** risquent de provoquer la mort : *l'année dernière, Paul a eu un **grave** accident de voiture.*

2. Ce qui est **grave** est important, sérieux : *Charlotte a oublié sa trousse à l'école, mais ce n'est pas très **grave**.*

3. Une voix **grave** a un son bas : *les grandes personnes ont la voix plus **grave** que les enfants.*
≠ Le contraire de grave, c'est aigu.

un **grenier**

Le **grenier** est la partie d'une maison qui se trouve juste sous le toit : *Anaëlle a trouvé de vieux jouets dans le grenier.*

une **grenouille**

Une **grenouille** est un petit animal vert ou roux qui vit près des mares. Avec ses pattes arrière longues et musclées, elle nage et saute très bien : *la grenouille pond des œufs, d'où naissent des têtards.*

Il pleut, il mouille,
C'est la fête à la grenouille
Il pleut, il fait beau,
C'est la fête à l'escargot...

griffer

Griffer, c'est donner un coup de griffe ou un coup d'ongle : *le chat a griffé Antoine à la main.*

grignoter

Grignoter, c'est manger à petits coups de dents : *la souris est en train de grignoter un morceau de fromage.*

– Sniff... Sniff...
Ça sent le fromage.
Miss Souris,
qu'avez-vous grignoté ?

une **grimace**

Faire une **grimace,** c'est tordre son visage dans tous les sens : *Amélie fait des grimaces pour nous faire rire.*

grimper

Grimper, c'est monter en s'accrochant avec les pieds et les mains : *le singe grimpe dans l'arbre.*

gronder

Gronder un enfant, c'est lui faire des reproches parce qu'on n'est pas content de lui : *papa gronde mon petit frère parce qu'il a gribouillé sur la porte.*
≠ Le contraire de gronder, c'est féliciter.

gros, grosse

1. Être **gros,** c'est peser lourd : *le chat de Joséphine est vraiment **gros**.*
≠ Le contraire de gros, c'est maigre.
➤ Devenir plus gros, c'est grossir.

2. Ce qui est **gros** prend de la place : *mon oncle a du mal à garer sa **grosse** voiture.*
≠ Le contraire de gros, c'est petit.
3. Un **gros mot,** c'est un mot qui n'est pas poli : *on dit parfois des **gros mots** quand on est en colère.*

une **grotte**

Une **grotte,** c'est un grand trou dans un rocher ou dans le sol : *les premiers hommes habitaient dans des **grottes**.*

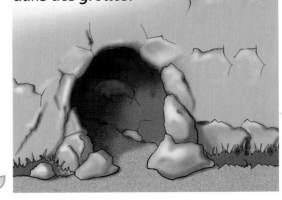

une **grue**

Une **grue**, c'est une machine très haute qui sert à soulever et à déplacer des objets lourds : *sur un chantier de construction, il y a souvent une grue pour déplacer les blocs de pierre ou de béton.*

une **guêpe**

Une **guêpe** est un insecte jaune et noir qui vole et peut piquer avec son dard.
Elle ressemble à l'abeille, mais elle ne fait pas de miel : *les guêpes vivent en groupe dans un nid.*

guérir

Guérir, c'est ne plus être malade, c'est aller mieux : *avec du repos et des médicaments, Valentine va vite guérir.*

une **guerre**

Une **guerre** a lieu quand des pays ou des peuples se battent les uns contre les autres : *pour mettre fin à la guerre, il faut faire la paix.*

une **guirlande**

Une **guirlande** est une longue bande de papier coloré finement découpée qui sert à décorer : *à Noël, on met des guirlandes dans la classe.*

une **guitare**

Une **guitare** est un instrument de musique avec des cordes : *on pince les cordes de la guitare pour faire des sons.*
➤ Une personne qui joue de la guitare est un ou une guitariste.

l'heure

un **hibou**

un **hérisson**

l'**hiver**

une **hirondelle**

s'**habiller**

un **hamster**

un **hélicoptère**

s'habiller

S'habiller, c'est mettre ses vêtements, ses habits : *Laura est assez grande pour s'habiller toute seule.*
≠ Le contraire de s'habiller, c'est se déshabiller.

habiter

Habiter, c'est vivre dans un endroit : *Pierre habite à la campagne.*

une **habitude**

1. Une **habitude,** c'est quelque chose qu'on fait souvent et depuis longtemps : *Valentine a l'habitude de se coucher tôt.*
2. D'habitude, c'est presque toujours : *d'habitude, je goûte à quatre heures.*

un **hamster**

Un **hamster** est un petit animal aux poils roux et blancs qui ronge ses aliments : *le hamster vit dans les champs, mais on peut aussi l'élever en cage chez soi.*

un **handicapé,** une **handicapée**

Un **handicapé** et une **handicapée** sont des personnes dont le corps ou le cerveau ne fonctionne pas bien :

certains handicapés se déplacent dans un fauteuil roulant.

haut, haute

1. Quelque chose de **haut** est très grand et monte loin vers le plafond ou vers le ciel : *certaines montagnes sont si hautes que leur sommet est caché par les nuages.*
≠ Le contraire de haut, c'est bas.
2. En haut, c'est dans la partie haute : *les couvertures sont rangées en haut de l'armoire.*
≠ Le contraire d'en haut, c'est en bas.

un **hélicoptère**

Un **hélicoptère** est une sorte d'avion sans ailes. Il a une grande hélice sur le toit qui lui permet de voler : *pour décoller, un **hélicoptère** monte tout droit dans le ciel.*

l'**herbe**

L'**herbe,** c'est une plante qui a des feuilles vertes longues et minces. Elle pousse dans les prés et les jardins :
*les vaches broutent l'**herbe** dans les prés.*

un **hérisson**

Un **hérisson** est un petit animal qui a un museau pointu et le corps recouvert de piquants :
*le **hérisson** se met en boule quand il a peur.*

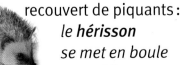

une **heure**

1. Les **heures** servent à mesurer le temps. Dans une journée, il y a vingt-quatre **heures** : *il est huit **heures** et quart, c'est l'**heure** de partir à l'école !*

2. De bonne heure, c'est tôt : *le soir, Chloé se couche **de bonne heure**.*
≠ Le contraire de de bonne heure, c'est tard.

heureux, heureuse

1. Être **heureux,** c'est être très content : *Léo est très **heureux** de retrouver ses amis.*
≠ Le contraire d'heureux, c'est malheureux.
2. On dit : « je suis **heureux** comme un poisson dans l'eau » quand on est très heureux.

un **hibou**

Un **hibou** est un oiseau qui vit la nuit. Il ressemble à une chouette, mais il a des petites plumes dressées de chaque côté de la tête : *les **hiboux** mangent des souris.*

hier

Hier, c'est le jour avant aujourd'hui : *nous sommes mardi, donc **hier** c'était lundi.*
≠ Le contraire d'hier, c'est demain.

une **hirondelle**

Une **hirondelle** est un oiseau qui a le dos noir, le ventre blanc et des ailes très fines : *une **hirondelle** a fait son nid sous le bord du toit.*
➤ Le petit de l'hirondelle est l'hirondeau.

*Qu'est-ce qu'elle a donc fait
La p'tite **hirondelle,**
Elle nous a volé
Trois p'tits grains de blé...*

une **histoire**

Une **histoire** raconte une chose qui s'est vraiment passée ou qui a été inventée : *grand-père m'a lu l'**histoire** des « Trois Petits Cochons ».*

l'**hiver**

L'**hiver** est la saison qui vient après l'automne et avant le printemps : *l'**hiver** est la saison la plus froide de l'année.*

un **homme**

Un **homme** est une grande personne de sexe masculin : *les petits garçons deviennent plus tard des **hommes.***
= On dit aussi un monsieur.
➤ Une grande personne de sexe féminin, c'est une femme.

imiter

un **igloo**

un **insecte**

des **instruments**

un **immeuble**

une **infirmière**

des **indiens**

un **igloo**

Un **igloo** est une petite maison arrondie faite avec des blocs de neige dure : *les Esquimaux construisent parfois des igloos pour s'abriter.*

une **île**

Une **île**, c'est une partie de terre complètement entourée d'eau : *pour aller sur une île, il faut prendre un bateau ou un avion.*

une **image**

Une **image**, c'est un dessin ou une photo : *Marie a un livre avec de belles images.*
= On dit aussi une illustration.

imaginer

1. Imaginer quelque chose, c'est le voir dans sa tête comme si c'était réel : *ferme les yeux et imagine que tu es sur une plage !*
➤ Ce qu'on imagine est imaginaire.

2. Imaginer, c'est inventer quelque chose : *Thomas a imaginé un nouveau jeu pour ses amis.*

imiter

Imiter quelqu'un, c'est faire la même chose que lui : *Julie imite sa grande sœur en se coiffant comme elle.*

immense

Ce qui est **immense** est vraiment très grand : *la Terre est **immense.***
≠ Le contraire d'immense, c'est minuscule.

impatient, impatiente

Une personne **impatiente** n'aime pas attendre : *Hugo est **impatient** d'ouvrir ses cadeaux d'anniversaire !*
≠ Le contraire d'impatient, c'est patient.

un **immeuble**

Un **immeuble,** c'est un grand bâtiment avec des appartements sur plusieurs étages : *Axel habite dans un **immeuble** de six étages.*

impossible

Ce qui est **impossible** ne peut pas se faire : *il est **impossible** de voler comme un oiseau.*
≠ Le contraire d'impossible, c'est possible.

un **incendie**

Un **incendie,** c'est un grand feu qui s'étend et qui fait des dégâts importants, dans une maison ou une forêt : *les pompiers essaient d'éteindre l'**incendie.***

immobile

Être **immobile,** c'est ne pas bouger : *le photographe nous demande de rester **immobiles** pour prendre la photo.*

a b c d e f g h i j k l m n o p q r s t u v w x y z

un **Indien,** une **Indienne**

Les **Indiens** et les **Indiennes** étaient les premiers habitants de l'Amérique : *les **Indiens** vivaient en groupes appelés « tribus ».*

une **inondation**

Une **inondation** se produit quand il pleut énormément et que l'eau des rivières déborde : *l'eau rentre parfois dans les maisons lors d'une **inondation**.*

un **infirmier,** une **infirmière**

Un **infirmier** et une **infirmière** sont des personnes qui aident les médecins à soigner les malades : *à l'hôpital, les **infirmières** changent les pansements et font des piqûres.*
➤ L'infirmière de l'école travaille à l'infirmerie.

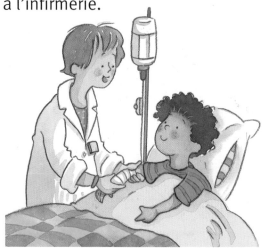

inquiet, inquiète

Être **inquiet,** c'est avoir peur qu'il arrive quelque chose de grave, c'est se faire du souci : *maman est **inquiète** quand bébé est malade.*

un **insecte**

Un **insecte** est un petit animal qui a six pattes. Il a souvent des ailes pour voler et des antennes pour sentir et toucher : *les abeilles, les mouches, les fourmis, les coccinelles sont des **insectes**.*

Va voir « les insectes », page 265.

installer

Installer, c'est mettre quelque chose en place et le faire marcher : *papa **installe** un magnétoscope dans le salon.*

un **instrument**

1. Un **instrument,** c'est un objet qu'on utilise pour faire une chose particulière : *un thermomètre est un **instrument** qui sert à mesurer la température.*

2. Un **instrument** de musique, c'est un objet qui sert à faire de la musique : *un tambourin, un violon, une trompette, une flûte sont des **instruments** de musique.*

intelligent, intelligente

Être **intelligent,** c'est comprendre vite et apprendre facilement : *Tom est **intelligent,** il a vite appris à se servir d'un ordinateur.*
≠ Le contraire d'intelligent, c'est bête ou sot.

interdire

Interdire quelque chose, c'est dire qu'il ne faut pas le faire : *papa m'**interdit** de traverser la rue tout seul.*
= On dit aussi défendre.
≠ Le contraire d'interdire, c'est permettre.

intéresser

Intéresser quelqu'un, c'est lui plaire et retenir son attention : *les avions **intéressent** beaucoup Frédéric.*
➤ Ce qui intéresse est intéressant.

l'**intérieur**

Ce qui est à l'**intérieur**
est au-dedans : *quand il pleut,*
*nous restons jouer à l'**intérieur.***
≠ Le contraire de l'intérieur,
c'est l'extérieur.

inverse

Le sens **inverse,** c'est le sens
opposé, le sens contraire :
si l'on récite l'alphabet en sens
***inverse,** on commence par la lettre Z.*

invisible

Ce qui est **invisible** ne peut
pas se voir : *les microbes*
*sont **invisibles** à l'œil nu, c'est-à-dire*
sans microscope.
≠ Le contraire d'invisible,
c'est visible.

inventer

1. Inventer, c'est fabriquer
une chose qui n'existait pas avant :
*papi **a inventé** une drôle de machine.*

2. Inventer, c'est imaginer quelque
chose qui n'est pas vrai : *Nicolas*
***a inventé** une histoire invraisemblable*
pour ne pas aller à l'école.

inviter

Inviter une personne,
c'est lui demander de venir
chez soi pour un repas
ou pour une fête : *Nadia nous **invite***
tous pour son anniversaire.
➤ Une personne qu'on invite
est un invité ou une invitée.
On lui envoie une invitation.

jeter

un **journal**

des **jumelles**

jongler

jJ

un **kiwi**

Jj

un **koala**

kK

Kk

une **jument**

des **jumelles**

des **jouets**

jaloux, jalouse

Être **jaloux,** c'est avoir envie de ce que les autres possèdent : *Lucas est **jaloux** de Zoé parce qu'elle a un magnifique jeu de construction.*

jamais

Jamais, c'est à aucun moment, pas une seule fois : *on n'a **jamais** vu une poule avec des dents.*
≠ Le contraire de jamais, c'est toujours.

un **jardin**

Un **jardin** est un endroit où l'on fait pousser des plantes : *dans un **jardin,** on peut voir des fleurs et des arbres, parfois aussi des légumes et des fruits.*
➤ Une personne qui s'occupe d'un jardin est un jardinier ou une jardinière.

jeter

1. Jeter, c'est envoyer quelque chose loin et avec force : *Louis s'amuse à **jeter** des cailloux dans le bassin.*
= On dit aussi lancer.
2. Jeter, c'est se débarrasser de quelque chose qui ne sert plus : *Marie **jette** une peau de banane à la poubelle.*

un **jeu**

1. Un jeu, c'est ce qu'on fait pour jouer, pour s'amuser : *Mehdi nous a appris un **jeu** très drôle.*
2. Un jeu, c'est un objet qui sert à jouer selon certaines règles : *Bertrand nous apprend à jouer au **jeu** de l'oie.*

jeune

Être **jeune,** c'est ne pas avoir un grand nombre d'années : *la tante de Théo a vingt ans, elle est **jeune.***

≠ Le contraire de jeune, c'est vieux ou âgé.

➤ Le moment de la vie où l'on est jeune, c'est la jeunesse.

joli, jolie

Ce qui est **joli** est agréable à regarder : *j'ai décoré ma chambre, avec des images, c'est très **joli !***

= On dit aussi beau.

≠ Le contraire de joli, c'est laid.

jongler

Jongler, c'est lancer plusieurs objets en l'air les uns après les autres, les rattraper et les relancer sans s'arrêter : *au cirque, on voit des artistes **jongler** avec toutes sortes d'objets.*

➤ Un artiste qui jongle est un jongleur ou une jongleuse.

la joue

La **joue,** c'est la partie du visage qui se trouve sous l'œil, entre le nez et l'oreille : *Flore a couru, elle a les **joues** toutes rouges.*

jouer

Jouer, c'est faire un jeu, c'est s'amuser : *Axel et Noémie **jouent** à la marchande.*

un jouet

Un **jouet,** c'est un objet qui sert à jouer, à s'amuser : *un ballon, un jeu de construction, une corde à sauter sont des **jouets.***

un **jour**

1. Un **jour** dure vingt-quatre heures, de minuit à minuit :
*il y a sept **jours** dans une semaine : lundi, mardi, mercredi, jeudi, vendredi, samedi, dimanche.*

2. Le **jour,** c'est le temps qui s'écoule entre le lever et le coucher du Soleil, entre le matin et le soir : *en été, les **jours** sont beaucoup plus longs qu'en hiver.*
≠ Le contraire du jour, c'est la nuit.
➤ Quand il fait jour, c'est la journée.
Va voir « le calendrier », page 274.

Doucement, doucement,
*doucement s'en va le **jour,***
Doucement, doucement,
à pas de velours...

un **journal**

Un **journal,** ce sont plusieurs grandes feuilles de papier où sont imprimées des informations : *on lit le **journal** pour savoir ce qui se passe dans le monde.*
➤ Un journal est écrit par des journalistes.

joyeux, joyeuse

Être **joyeux,** c'est être très content, de bonne humeur : *Valentin est tout **joyeux,** il n'arrête pas de rire !*
= On dit aussi gai.
≠ Le contraire de joyeux, c'est triste.

des **jumeaux,** des **jumelles**

Des **jumeaux** sont deux frères ou un frère et une sœur qui sont nés le même jour.
Des **jumelles** sont deux sœurs qui sont nées le même jour : *Chloé et Marie sont **jumelles,** elles se ressemblent beaucoup.*

des **jumelles**

Des **jumelles** sont des instruments spéciaux qui permettent de voir ce qui est loin :
*on peut observer les oiseaux avec des **jumelles.***

une **jument**

La **jument** est la femelle du cheval : *la **jument** vient d'avoir un petit.*

➤ Le petit de la jument et du cheval est le poulain.

*Le sabot de ma **jument**,*
Pan, patapan, patapan,
Va plus vite que le vent,
Pan, patapan, patapan !

la **jungle**

La **jungle** est une forêt épaisse, dans certains pays chauds et humides : *de nombreux animaux sauvages, comme le jaguar et les singes, vivent dans la **jungle**.*

le **jus**

Le **jus,** c'est le liquide qui coule d'un fruit ou d'un légume quand on le presse : *Thomas presse un citron pour faire du **jus**.*

juste

1. Ce qui est **juste** est exact, ne contient pas d'erreur : *2 + 3 = 5 : ton calcul est **juste** !*

≠ Le contraire de juste, c'est faux.

2. Une personne **juste** récompense et punit chacun comme il le mérite : *la maîtresse est **juste** : elle ne gronde ses élèves que s'ils font des bêtises.*

≠ Le contraire de juste, c'est injuste.

➤ Une personne juste respecte la justice.

juste

1. Juste, c'est tout à fait : *la maison d'Axel est **juste** à côté de l'école.*

2. Juste, c'est à peine : *tu arrives trop tard, Alexis vient **juste** de partir.*

un **kangourou**

Un **kangourou** est un animal sauvage d'Australie. Il avance en sautant sur ses grandes pattes de derrière : *le petit kangourou grandit dans la poche que sa mère a sur le ventre. Il y reste pendant environ six mois après sa naissance.*

un **kiwi**

1. Un **kiwi** est un fruit au goût un peu acide. Il a une peau marron recouverte de petits poils et il est vert à l'intérieur : *les kiwis poussent dans les pays chauds.*

2. Le **kiwi** est un oiseau de Nouvelle-Zélande. Il a de très petites ailes et ne peut pas voler : *le kiwi cherche sa nourriture dans le sol avec son long bec.*

le **kilogramme**

Le **kilogramme** est une mesure qui sert à calculer un poids : *Julien pèse 17 kilogrammes.*
= On dit souvent un kilo.

un **koala**

Un **koala** est un petit animal d'Australie qui a une épaisse fourrure grise.
Comme le kangourou, le petit koala grandit dans la poche que sa mère a sur le ventre : *le koala vit dans les arbres et passe la journée à dormir.*

le **kilomètre**

Le **kilomètre** est une mesure qui sert à calculer une distance : *la mer est à 3 kilomètres de chez Nassera.*

Un kilomètre à pied, ça use, ça use
Un kilomètre à pied, ça use
les souliers...

un **lion**

une **luge**

des **lunettes**

un **lapin**

un **lampion**

un **loup**

des **légumes**

la **laine**

se **laver**

lire

un **lac**

Un **lac,** c'est une immense étendue
d'eau entourée par des terres :
*on fait de la planche à voile sur le **lac.***

le **lait**

Le **lait** est un liquide blanc qui sort
des mamelles des vaches,
des chèvres et des brebis.
Les mamans ont aussi du lait
dans leurs seins pour nourrir leur
bébé : *le **lait** des animaux se boit
et il sert à faire du fromage, du beurre
et des yaourts.*

laid, laide

Être **laid,** c'est être désagréable
à regarder : *que tu es **laid,** quand
tu fais des grimaces !*
≠ Le contraire de laid, c'est beau.

une **lampe**

Une **lampe**
est un objet
qui donne
de la lumière
et sert à éclairer :
*il y a une jolie
lampe sur la table
de nuit d'Antonin.*

la **laine**

La **laine** est fabriquée avec les poils
de certains animaux, comme
les moutons : *on tricote la **laine**
pour faire des vêtements.*

un **lampion**

Un **lampion,** c'est
une petite lampe
de papier coloré :
*on accroche parfois
des **lampions** dans les rues
pour le 14 Juillet.*

lancer

Lancer, c'est envoyer quelque chose loin de soi : *Hugo lance une balle pour faire courir son chien.*

la **langue**

1. La **langue** est dans la bouche. Elle sert à parler et à sentir le goût des aliments : *Zoé s'est brûlé la langue avec du chocolat chaud.*
2. On dit : « je donne ma **langue** au chat » quand on ne sait pas répondre à une devinette.

un **lapin**

Un **lapin** est un animal qui a de longues oreilles et une fourrure très douce.

Il ronge ses aliments : *à la ferme, on élève les lapins dans des cages appelées des « clapiers ».*
➤ La femelle du lapin est la lapine. Le petit est le lapereau.

large

Ce qui est **large** a une grande distance d'un côté à l'autre : *une autoroute est une route très large.*
≠ Le contraire de large, c'est étroit.

laver

1. Laver, c'est rendre propre avec de l'eau et du savon ou de la lessive : *maman a lavé la robe de ma poupée.*
= On dit aussi nettoyer.
2. Se laver, c'est faire sa toilette : *Léo et Zoé se lavent dans la baignoire.*

lécher

Lécher, c'est passer sa langue sur quelque chose : *la biche lèche le dos de son faon qui vient de naître.*

la **lecture**

La **lecture**, c'est ce qu'on fait quand on lit : *j'aime bien la **lecture**.*

léger, légère

Ce qui est **léger** ne pèse pas lourd : *les plumes sont beaucoup plus **légères** que des cailloux.*
≠ Le contraire de léger, c'est lourd.

lent, lente

Être **lent,** c'est mettre beaucoup de temps pour faire quelque chose, c'est ne pas aller vite : *la tortue et les escargots sont des animaux très **lents**.*
≠ Le contraire de lent, c'est rapide.
➤ Quand on est lent, on va lentement.

une **lettre**

1. Les **lettres** de l'alphabet servent à écrire des mots : *je connais par cœur les 26 **lettres** de l'alphabet.*
2. Une **lettre,** c'est un texte qu'on écrit à quelqu'un et qu'on lui envoie dans une enveloppe : *maman me lit la **lettre** de grand-mère.*

un **légume**

Un **légume,** c'est une plante qu'on fait pousser dans la terre. On mange ses feuilles, ses tiges, ses racines ou ses graines : *les radis, les carottes, les artichauts sont des **légumes**.*

Va voir « les légumes », page 271.

lever

1. Lever, c'est mettre plus haut : *Marin lève les bras pour attraper le ballon.*
≠ Le contraire de lever, c'est baisser.

2. Se lever, c'est sortir de son lit et se mettre debout : *le matin, Vincent se lève à sept heures et quart.*
≠ Le contraire de se lever, c'est se coucher.

3. Se lever, c'est apparaître, quand on parle du Soleil ou de la Lune : *le matin, le Soleil se lève.*

un **lézard**

Un **lézard** est un petit animal qui a le corps couvert d'écailles, une longue queue et quatre pattes. C'est un reptile, comme le serpent : *pour se nourrir, les lézards attrapent des insectes avec leur langue.*

un **lièvre**

Un **lièvre** est une sorte de grand lapin sauvage. Avec ses longues pattes arrière, il court très vite en faisant des bonds : *le lièvre vit dans un terrier qu'il creuse dans le sol.*
➤ Le petit du lièvre est le levraut.

le **lilas**

Le **lilas** est un petit arbre avec des fleurs blanches ou violettes qui sentent très bon : *le lilas fleurit au printemps.*

*Au jardin de mon père
Les lilas sont fleuris,
Tous les oiseaux du monde
Viennent y faire leurs nids.*

un **lion**

Un **lion** est un animal sauvage qui vit dans les pays chauds. Il a des poils beiges et une crinière : *dans la savane, le **lion** défend son territoire ; la femelle chasse et élève les petits.*
➤ La femelle du lion est la lionne ; elle n'a pas de crinière. Le petit est le lionceau.

un **lit**

Un **lit,** c'est un meuble pour dormir. Il est fait d'un matelas posé sur un sommier : *il y a un **lit** dans chaque chambre de la maison.*

un **litre**

Un **litre** est une mesure qui sert à calculer une quantité de liquide : *on a acheté un **litre** de lait.*

un **liquide**

Un **liquide** coule : *l'eau, le lait, l'huile sont des **liquides**.*

un **livre**

Un **livre,** c'est des feuilles de papier imprimées, réunies et protégées par une couverture. Sur les pages, il y a des mots et parfois des images : *Arthur choisit un **livre** avec son papa.*
➤ Une personne qui vend des livres est un ou une libraire. Elle travaille dans une librairie.

lire

1. Lire, c'est reconnaître et comprendre les mots qui sont écrits : *on apprend à **lire** à l'école.*
2. Lire, c'est dire tout haut ce qui est écrit : *papa me **lit** une histoire.*

livrer

Livrer, c'est apporter chez quelqu'un une marchandise qu'il a achetée : *on vient nous **livrer** une nouvelle télévision.*

➤ Une personne qui livre des marchandises est un livreur. Elle fait des livraisons.

loin

Ce qui est **loin** est à une grande distance de l'endroit où l'on se trouve : *le parc est **loin** d'ici.*

≠ Le contraire de loin, c'est près.

long, longue

1. Ce qui est **long** a une grande distance d'un bout à l'autre : *Marie a les cheveux **longs.***

2. Ce qui est **long** dure longtemps : *les vacances d'été sont **longues.***

≠ Le contraire de long, c'est court.

une locomotive

Une **locomotive** est une machine à moteur qui tire les wagons d'un train : *cette **locomotive** fonctionne à l'électricité.*

un loup

Un **loup** est un animal sauvage qui vit dans les forêts. Il a un museau pointu et il ressemble à un grand chien : *les **loups** vivent en bandes appelées «meutes».*

➤ La femelle du loup est la louve. Le petit est le louveteau.

a b c d e f g h i j k l m n o p q r s t u v w x y z

lourd, lourde

Ce qui est **lourd** a un poids élevé : *cette valise est trop **lourde**, je n'arrive pas à la soulever !*

= On dit aussi pesant.

≠ Le contraire de lourd, c'est léger.

la Lune

La **Lune** est un astre qui tourne autour de la Terre. Elle brille la nuit dans le ciel : *la **Lune** a parfois la forme d'un croissant ; d'autres nuits, elle est toute ronde.*

une luge

Une **luge** est une sorte de petit traîneau qui permet de glisser sur la neige : *Camille fait de la **luge**, elle descend la piste à toute vitesse !*

les lunettes

Les **lunettes,** ce sont deux verres entourés d'une monture qu'on place sur le nez. Elles servent à mieux voir ou à protéger les yeux du Soleil : *Charlotte porte des **lunettes**.*

la lumière

La **lumière,** c'est ce qui nous éclaire et nous permet de voir les choses : *la **lumière** vient du Soleil ou d'une lampe.*

≠ Le contraire de la lumière, c'est le noir ou l'obscurité.

un lutin

Un **lutin** est un petit personnage de conte qui a des pouvoirs magiques : *les **lutins** portent un chapeau pointu.*

un **modèle**

se **marier**

un **monstre**

une **marionnette**

un **mouton**

un **marron**

des **moitiés**

la **maîtresse**

mordre

une **machine**

Une **machine,** c'est un objet à moteur qui permet de rendre un travail plus facile : *un lave-vaisselle, un photocopieur, un ordinateur sont des machines.*

un **magasin**

Un **magasin** est un endroit où l'on achète des marchandises : *on fait des courses dans un magasin.*

un **magicien,** une **magicienne**

Un **magicien** et une **magicienne** sont des personnes qui font des choses extraordinaires avec des gestes et des mots mystérieux : *le magicien fait sortir un lapin de son chapeau.*
➤ Les magiciens font des tours de magie. C'est magique !

magnifique

Ce qui est **magnifique** est très beau : *ce coucher de soleil est magnifique.*
= On dit aussi superbe.
≠ Le contraire de magnifique, c'est affreux.

une **maison**

Une **maison,** c'est une construction où l'on habite. Elle a des murs, des fenêtres, des portes et un toit. À l'intérieur, il y a plusieurs pièces : *la maison de Thomas est en brique.*
Va voir « la maison », page 276.

Il était un petit homme, Pirouette, cacahouète, Il était un petit homme, Qui avait une drôle de maison...

un **maître,** une **maîtresse**

Un **maître** et une **maîtresse** sont les personnes qui font la classe à des élèves : *la maîtresse nous apprend à lire, à écrire et à compter.*
= On dit aussi un instituteur et une institutrice.

mal

1. Mal, ce n'est pas bien, ce n'est pas comme il faut : *mamie voit mal sans ses lunettes.*
≠ Le contraire de mal, c'est bien.

2. Se faire mal, c'est se blesser : *Éva s'est fait mal en tombant.*

3. Avoir mal, c'est souffrir, c'est sentir une douleur : *Lucie a mangé trop de cerises, elle a mal au ventre.*

malade

Être **malade,** c'est ne pas être en bonne santé : *Julien est malade, sa maman le soigne.*
= On dit aussi souffrant.
➤ Quand on est malade, on a une maladie.

un **mâle**

Un **mâle** est un animal de sexe masculin. Il fait des petits avec une femelle : *le bouc est le mâle de la chèvre ; le canard est le mâle de la cane.*

malheureux, malheureuse

Être **malheureux,** c'est être très triste, c'est avoir beaucoup de peine : *Axel est malheureux parce que son chien s'est sauvé.*
≠ Le contraire de malheureux, c'est heureux.
➤ Une personne est malheureuse quand elle a des malheurs.

a
b
c
d
e
f
g
h
i
j
k
l
m
n
o
p
q
r
s
t
u
v
w
x
y
z

malin, maligne

1. Être **malin,** c'est trouver de bonnes idées pour se débrouiller : *Victor est malin, il a réussi à rattraper son ballon dans l'arbre.*

= On dit aussi futé ou débrouillard.

2. On dit : « il est **malin** comme un singe » quand quelqu'un est très malin.

un manche

Un **manche,** c'est la partie d'un objet qui sert à le tenir avec la main : *les marteaux, les balais, les couteaux ont un manche.*

une manche

Une **manche,** c'est la partie d'un vêtement qui couvre le bras : *l'été, on porte des manches courtes ; l'hiver, des manches longues.*

un manège

Un **manège,** c'est une sorte de grand plateau rond qui tourne avec des animaux en bois et des petites voitures sur lesquels on monte : *les enfants font un tour de manège.*

manger

Manger, c'est mâcher puis avaler la nourriture : *au petit déjeuner, je mange des céréales.*

manquer

1. Manquer, c'est être en moins : *il manque un bouton à ma veste.*

2. Manquer, c'est être absent : *aujourd'hui, trois élèves manquent.*

un **marché**

Un **marché,** c'est un endroit où des marchands s'installent pour vendre des marchandises : de la nourriture, des vêtements, des fleurs : *mamie fait ses courses au marché tous les jeudis.*

la **marée**

La **marée,** c'est le mouvement de la mer qui monte et qui descend deux fois par jour : *à marée haute, la mer recouvre la plage ; à marée basse, la mer se retire très loin.*

un **mari**

Le **mari** d'une femme est l'homme qui est marié avec elle : *monsieur Lambert est le mari de madame Lambert.*
➤ Madame Lambert est la femme de monsieur Lambert.

marcher

1. Marcher, c'est avancer en mettant un pied devant l'autre : *ma petite sœur commence à marcher.*

2. Quand un appareil **marche,** on peut s'en servir : *l'ordinateur a été réparé, maintenant il marche.*
= On dit aussi fonctionner.

se **marier**

Se marier, c'est devenir mari et femme : *Sophie et Luc se marient.*
➤ Quand deux personnes se marient, il y a un mariage.

un **marin**

Un **marin** est un homme qui travaille sur un bateau et qui navigue en mer : *ces pêcheurs sont des marins.*

un **masque**

Un **masque** est un objet qu'on met sur le visage pour se déguiser : *Fabrice a mis un masque pour le carnaval.*

une **marionnette**

Une **marionnette** est une sorte de poupée qu'on fait bouger avec les mains ou en tirant sur des fils : *Guignol est une célèbre marionnette.*

la **maternelle**

L'école **maternelle** est l'école pour les enfants de deux à six ans : *à la maternelle, on dessine, on chante, puis on commence à apprendre à écrire, à lire et à compter.*

un **marron**

Un **marron** est un fruit qui a une peau marron très dure et qui ne se mange pas. Les marrons qu'on peut manger, ce sont les châtaignes : *les marrons tombent à l'automne.*

➤ Les marrons sont les fruits du marronnier.

le **matin**

Le **matin**, c'est la partie de la journée qui va du lever du soleil à midi : *à la campagne, on entend le coq chanter le matin.*

≠ Le contraire du matin, c'est le soir.

méchant, méchante

Être **méchant,** c'est faire du mal ou de la peine aux autres : *Paul est* **méchant,** *il a tiré les cheveux d'Elsa.*

≠ Le contraire de méchant, c'est gentil.

➤ Le défaut d'une personne méchante, c'est la méchanceté.

un **médecin**

Un **médecin,** c'est une personne qui soigne les malades : *le* **médecin** *ausculte Jean.*

= On dit aussi un docteur.

mélanger

1. Mélanger, c'est mettre plusieurs choses ensemble et les remuer : *Hugo* **mélange** *les couleurs avant de peindre.*

2. Mélanger, c'est mettre en désordre : *maman n'aime pas qu'on* **mélange** *ses papiers.*

papiers

la **ménagerie**

La **ménagerie,** c'est l'endroit où sont rassemblés les animaux du cirque : *dans une* **ménagerie,** *il peut y avoir des éléphants, des lions, des singes.*

mentir

Mentir, c'est dire une chose qui n'est pas vraie en sachant qu'elle est fausse : *Arthur est puni car il* **a menti.**

≠ Le contraire de mentir, c'est dire la vérité.

➤ Un menteur et une menteuse mentent, ils disent des mensonges.

la **mer**

La **mer,** c'est l'eau salée qui couvre une grande partie de la Terre : *de nombreux animaux, comme les poissons, les baleines et les otaries, vivent dans la* **mer.**

une **mère**

1. Une **mère**, c'est une femme qui a un ou plusieurs enfants : *on appelle sa mère « maman ».*

➤ La mère de ma mère ou la mère de mon père, c'est ma grand-mère.

2. Une **mère,** c'est un animal femelle qui a un ou plusieurs petits : *la mère allaite ses petits.*

le **métal**

Le **métal** est une matière dure, parfois brillante, qu'on trouve dans le sol. Il sert à fabriquer des objets : *l'or, le fer, l'argent sont des métaux.*

un **métier**

Un **métier,** c'est le travail qu'une grande personne fait pour gagner de l'argent : *j'aimerais bien faire le même métier que papa : pâtissier.*

= On dit aussi une profession.

le **mètre**

Le **mètre** est une mesure qui sert à calculer une longueur, une largeur, une hauteur, une distance : *l'oncle de Sébastien mesure presque 2 mètres !*

le **métro**

Le **métro,** c'est un train qui roule sous terre, dans les grandes villes : *Clara prend le métro avec son père.*

mettre

1. Mettre, c'est placer un objet à un endroit : *Elsa a mis un bouquet de fleurs sur la table.*

= On dit aussi poser.

2. Mettre un vêtement, c'est s'habiller avec : *Loïc met son blouson pour sortir.*

≠ Le contraire de mettre, c'est enlever.

3. Se mettre à faire quelque chose, c'est commencer à le faire : *Zoé s'est mise à rire quand elle a vu le clown.*

un **meuble**

Un **meuble,** c'est un objet qui est utile pour vivre dans une maison : *un lit, une armoire, une table, une chaise sont des* **meubles.**

un **microbe**

Un **microbe** est un être vivant minuscule qui peut provoquer des maladies : *Pierre a un rhume, pourvu que je n'attrape pas ses* **microbes !**

midi

Midi, c'est le milieu de la journée, entre le matin et l'après-midi : *à* **midi,** *les deux aiguilles de la pendule sont sur le 12, comme à minuit.*

le **miel**

Le **miel,** c'est une sorte de pâte sucrée que les abeilles fabriquent avec ce qu'elles butinent dans les fleurs : *on récolte le* **miel** *dans les ruches.*

le **milieu**

1. Le **milieu,** c'est l'endroit qui se trouve au centre de quelque chose : *Lucas a envoyé la fléchette en plein* **milieu** *de la cible.*

2. Le **milieu,** c'est le moment qui est entre le début et la fin : *Chloé s'est arrêtée au* **milieu** *de la partie de cartes.*

minuit

Minuit, c'est le milieu de la nuit. C'est aussi le moment où l'on change de jour : *à **minuit**, les deux aiguilles de la pendule sont sur le 12, comme à midi.*

un **modèle**

Un **modèle,** c'est une chose qu'on cherche à copier ou bien une personne qu'on cherche à imiter : *Carole dessine un chat qui sourit en se servant d'un **modèle**.*

minuscule

Ce qui est **minuscule** est extrêmement petit : *à côté d'une girafe, un lézard est **minuscule** !*

≠ Le contraire de minuscule, c'est énorme ou immense.

un **mois**

Un **mois,** c'est une partie de l'année : *il y a douze **mois** dans une année : janvier, février, mars, avril, mai, juin, juillet, août, septembre, octobre, novembre, décembre.*

Va voir « le calendrier », page 274.

une **minute**

Les **minutes** servent à mesurer le temps. C'est un moment assez court. Il y a soixante minutes dans une heure : *l'après-midi, la récréation dure vingt **minutes**.*

une **moitié**

La **moitié,** c'est chacune des deux parties égales d'une chose : *pour qu'il n'y ait pas de jaloux, maman a coupé la pomme en deux **moitiés** : une pour mon frère et une pour moi.*

le **monde**

1. Le **monde,** c'est la Terre : *papi a voyagé dans le **monde** entier.*

2. Le **monde,** c'est un grand nombre de personnes : *en été, il y a beaucoup de **monde** sur les plages.*

Allant droit devant eux,
*Ils font le tour du **monde,***
Et comme la Terre est ronde,
Ils reviennent chez eux.

un **monstre**

Un **monstre** est un animal ou un personnage affreux qui fait très peur. Il y a parfois des monstres dans les histoires : *un dragon est un **monstre** qui crache du feu.*

une **montagne**

Une **montagne** est une partie de la terre qui monte haut vers le ciel : *il y a des sapins à la **montagne.***

Va voir « la montagne », page 286.

monter

1. Monter, c'est aller en haut : *Pierre monte sur son lit par une échelle.*

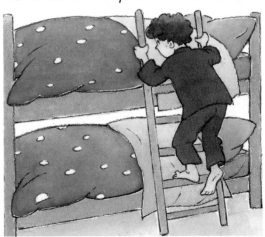

2. Monter, c'est porter en haut : *papa a monté une caisse au grenier.*
≠ Le contraire de monter, c'est descendre.

a b c d e f g h i j k l **m** n o p q r s t u v w x y z

a b c d e f g h i j k l m n o p q r s t u v w x y z

une **montre**

Une **montre** est un objet qui sert à donner l'heure. On la porte autour du poignet : *sur une montre, la petite aiguille indique l'heure et la grande aiguille indique les minutes.*

montrer

Montrer, c'est faire voir : *Julie montre à sa mère les jolis coquillages qu'elle a ramassés.*

se **moquer**

Se moquer, c'est rire de quelqu'un : *Guillaume se moque de Benjamin parce qu'il a peur d'une araignée.*
➤ Une personne moqueuse aime bien se moquer des autres.

mordre

Mordre, c'est serrer très fort entre ses dents : *Antoine s'est fait mordre par son chien, en jouant avec lui.*

un **mot**

Un **mot**, c'est un ensemble de lettres réunies qui veut dire quelque chose : *le mot « train » a cinq lettres.*

un **moteur**

Le **moteur**, c'est la partie d'une machine ou d'un véhicule qui sert à les faire fonctionner : *le moteur d'une voiture est à l'avant, sous le capot.*

une **moto**

Une **moto** est un véhicule qui a deux roues et un moteur. Elle peut aller très vite : *Cédric met toujours son casque pour faire de la **moto**.*

mou, molle

Quelque chose de **mou** s'enfonce quand on appuie dessus : *le beurre devient tout **mou** à la chaleur.*
≠ Le contraire de mou, c'est dur.

mouiller

Mouiller, c'est mettre de l'eau sur quelque chose : *j'ai **mouillé** mes pieds en marchant dans une flaque d'eau.*

une **mousse**

1. La **mousse,** ce sont des petites bulles légères collées les unes aux autres : *le savon fait de la **mousse** quand on frotte ses mains sous l'eau.*

2. Une **mousse,** c'est une crème faite avec des blancs d'œufs : *Lola adore la **mousse** au chocolat.*

3. La **mousse,** c'est une petite plante verte. Elle pousse à l'ombre, au pied des arbres ou sur les pierres : *il y a souvent de la **mousse** sur le sol, dans les bois.*

un **moustique**

Un **moustique** est un insecte qui a de longues pattes et des ailes pour voler. Il vit dans les endroits chauds et humides : *les **moustiques** piquent et leurs piqûres démangent.*

un **mouton**

Un **mouton** est un animal de la ferme. On l'élève pour sa viande et pour sa laine : *on tond les **moutons** à la fin de l'hiver.*
➤ Le mouton mâle est le bélier. Le mouton femelle est la brebis. Leur petit est l'agneau.

a b c d e f g h i j k l **m** n o p q r s t u v w x y z

moyen, moyenne

Être **moyen,** c'est n'être ni grand ni petit, mais entre les deux : *Hugo est grand, Marin est petit et Pauline a une taille moyenne.*

un **muscle**

Les **muscles** sont les parties du corps qui servent à faire des mouvements : *quand on fait du sport, on fait travailler ses muscles.*

➤ Quand on a de bons muscles, on est musclé.

la **musique**

La **musique,** c'est l'art d'assembler les sons, de jouer d'un instrument : *à l'école, nous faisons de la musique.*

➤ Une personne qui fait de la musique est un musicien ou une musicienne.

un **mur**

Un **mur** est une construction en hauteur faite avec des pierres, des briques ou du béton : *le maçon construit le mur de la maison.*

mûr, mûre

Un fruit **mûr** est bon à être cueilli et mangé : *quand elles sont mûres, les fraises sont rouges.*

➤ Devenir mûr, c'est mûrir.

un **mystère**

Un **mystère,** c'est une chose qu'on n'arrive pas à comprendre, à expliquer : *pourquoi les dinosaures ont-ils disparu de la planète ? C'est un mystère !*

➤ Un mystère, c'est mystérieux !

une **nageoire**

Les **nageoires** permettent
aux poissons et à certains animaux
marins de nager : *les poissons ont
des nageoires sur les côtés et au bout
de la queue, parfois aussi sur le dos
et sur le ventre.*

nager

Nager, c'est avancer dans l'eau
en faisant des mouvements avec
les bras et les jambes : *Chloé apprend
à nager à la piscine.*
➤ Une personne qui nage est
un nageur ou une nageuse.

un **nain,** une **naine**

Un **nain** et une **naine** sont
des personnes de très petite taille.
Il y a parfois des nains dans
les contes : *Blanche-Neige habite
dans la maison des sept nains.*
≠ Le contraire d'un nain,
c'est un géant.

naître

Naître, c'est sortir du ventre
de sa mère : *la maman sourit à son
bébé qui vient de naître.*
≠ Le contraire de naître, c'est mourir.
➤ Le moment où un bébé naît,
c'est la naissance.

la **nature**

La **nature,** c'est tout ce qui existe
sur la Terre et qui n'a pas été fabriqué
par l'homme. C'est la mer, le ciel,
la campagne, les montagnes,
les plantes et les animaux : *la nature
est fragile, il faut la protéger.*
➤ Ce qui vient de la nature est naturel.

162

un **navire**

Un **navire,** c'est un gros bateau construit pour naviguer sur la mer : *les anciens **navires** avaient plusieurs mâts et de nombreuses voiles.*

*Il était un petit **navire**...*
Qui n'avait ja-ja-jamais navigué
Ohé ! Ohé !

la **neige**

La **neige,** c'est de l'eau gelée qui tombe du ciel en flocons blancs, quand il fait froid : *Paul et Léa font une bataille de boules de **neige**.*
➤ Quand la neige tombe, il neige.

nettoyer

Nettoyer, c'est enlever la saleté pour rendre propre : *papa **nettoie** la table de la cuisine à la fin du repas.*
≠ Le contraire de nettoyer, c'est salir.

neuf, neuve

Ce qui est **neuf** vient d'être fabriqué et n'a pas encore servi : *maman a acheté des chaussures **neuves** à Clémentine, pour la rentrée.*
= On dit aussi nouveau.
≠ Le contraire de neuf, c'est vieux ou usé.

le **nez**

Le **nez,** c'est la partie du visage
qui se trouve entre les deux joues.
Il sert à respirer et à sentir les odeurs :
*dans le bas du nez, il y a deux
trous qui s'appellent les « narines ».*

une **niche**

Une **niche** est une sorte de petite
maison où couche un chien : *le soir,
Filou va dormir dans sa niche.*

un **nœud**

Faire un **nœud,** c'est croiser
d'une certaine façon les deux bouts
d'une ficelle ou d'un ruban et tirer fort
pour les attacher : *Alexandre fait
un nœud avec une boucle à ses lacets.*
➤ Faire un nœud, c'est nouer.

une **noisette**

Une **noisette** est un petit fruit rond
à l'intérieur d'une coquille dure
marron clair : *les écureuils font
des réserves de noisettes pour l'hiver.*
➤ Les noisettes poussent
sur les noisetiers.

un **nid**

Un **nid,** c'est un petit
abri construit
par les oiseaux pour
pondre et couver
leurs œufs et pour
élever leurs petits :
*pour faire leur nid,
les oiseaux utilisent des brindilles,
du duvet ou de la boue séchée.*

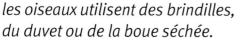

une **noix**

Une **noix** est un fruit
à l'intérieur d'une coquille
ovale très dure :
*on ramasse les noix
à l'automne.*
➤ Les noix poussent sur les noyers.

un **nom**

1. Un **nom,** c'est un mot qui sert
à appeler un animal ou une chose :
*« tulipe » est un nom de fleur, « loup »
est un nom d'animal.*

2. Le **nom** d'une personne, c'est
son prénom et son nom de famille :
*la maîtresse nous a dit son nom :
elle s'appelle Sabine Dupuis.*

un **nombre**

1. Un **nombre** sert à compter : *31 est
un nombre qui s'écrit avec 2 chiffres.*
2. Un **nombre,** c'est une quantité,
c'est combien il y a de personnes
ou de choses : *sept, c'est le nombre
de jours qu'il y a dans une semaine.*

nombreux, nombreuse

Être **nombreux,** c'est être beaucoup,
en grand nombre : *il y a de nombreux
jouets dans la vitrine du magasin.*

une **note**

1. Les **notes** servent à écrire
la musique. Chaque note représente
un son : *do, ré, mi, fa, sol, la, si
sont les sept notes de musique.*

2. Une **note,** c'est un nombre
ou une lettre qu'on donne à un devoir.
Elle indique si on a bien ou mal
travaillé : *Marie a eu 9 à sa dictée :
c'est une très bonne note.*

nourrir

1. Nourrir, c'est donner à manger :
on nourrit les bébés avec du lait.
2. Se nourrir, c'est manger : *les vaches
se nourrissent d'herbe.*

a b c d e f g h i j k l m **n** o p q r s t u v w x y z

un **noyau**

Un **noyau**, c'est la partie dure qui se trouve à l'intérieur de certains fruits. Le noyau contient la graine du fruit : *les cerises et les prunes ont des **noyaux**.*

se **noyer**

Se noyer, c'est mourir sous l'eau parce qu'on ne peut plus respirer : *quand on ne sait pas bien nager, on risque de **se noyer**.*

nu, nue

1. Être **nu**, c'est n'avoir aucun vêtement sur le corps : *on se met **nu** pour prendre une douche ou un bain.*

2. Être **pieds nus,** c'est être sans chaussures ni chaussettes : *on peut marcher **pieds nus** sur la plage.*

un **nuage**

Un **nuage** est fait de toutes petites gouttes d'eau qui flottent ensemble dans le ciel : *la pluie et la neige tombent des **nuages**.*
➤ Un ciel couvert de nuages est nuageux.

Nuages dans le ciel
S'étirent, s'étirent
Nuages dans le ciel
S'étirent comme une aile...

la **nuit**

La **nuit,** c'est le temps qui se passe entre le coucher et le lever du soleil, entre le soir et le matin : *les étoiles et la Lune brillent la **nuit**.*
≠ Le contraire de la nuit, c'est le jour.

les **oreilles**

un **oiseau**

offrir

un **orchestre**

un **œuf**

une **oie**

des **oranges**

des **ours**

des **otaries**

obéir

Obéir, c'est faire ce qui est demandé : *Filou **obéit** quand on lui dit de venir*.

≠ Le contraire d'obéir, c'est désobéir.

➤ Quand on obéit, on est obéissant.

FiLOU, ici !

un **objet**

Un **objet,** c'est une chose qu'on peut voir et qu'on peut toucher : *un crayon, un livre, une lampe sont des **objets**.*

observer

Observer, c'est regarder avec attention : *Basile **observe** des fourmis*.

occupé, occupée

1. Être **occupé,** c'est avoir beaucoup de choses à faire : *papa est très **occupé,** il ne faut pas le déranger !*

2. Un endroit qui est **occupé** est utilisé par quelqu'un : *la salle de bains est **occupée**.*

≠ Le contraire d'occupé, c'est libre.

une **odeur**

Une **odeur,** c'est ce qu'on sent avec son nez. Elle peut être bonne ou mauvaise : *j'aime l'**odeur** du lilas*.

un **œuf**

Un **œuf,** c'est ce que pondent les femelles des oiseaux et de certains animaux, comme les serpents, les poissons et les insectes : *l'oiseau grandit dans l'**œuf** et, un jour, il sort en cassant sa coquille*.

offrir

Offrir, c'est donner en cadeau : *Hugo offre un jouet à son amie Charlotte pour son anniversaire.*

une **oie**

Une **oie** est un gros oiseau blanc ou gris. Elle a un long cou, un large bec et des pattes palmées, comme celles du canard : *il y a des oies sauvages et des oies qu'on élève à la ferme.*
➤ Le mâle de l'oie est le jars.
Leur petit est l'oison.

un **oiseau**

Un **oiseau** est un animal qui a le corps couvert de plumes, deux pattes, deux ailes et un bec : *la plupart des oiseaux volent, sauf certains, comme l'autruche et le kiwi.*

l'ombre

1. L'**ombre**, c'est l'endroit qui n'est pas éclairé par le soleil : *en été, papi aime faire la sieste à l'ombre.*
2. Une **ombre**, c'est la forme sombre que fait sur le sol un corps ou un objet éclairé par le soleil : *quand mon ombre est devant moi, j'essaie de marcher dessus !*

un **oncle**

L'**oncle** d'une personne, c'est le frère de sa mère ou le frère de son père : *j'appelle mon oncle « tonton ».*
➤ La sœur de la mère ou du père d'une personne, c'est la tante.

une **opération**

1. Faire une **opération**, c'est ouvrir le corps de quelqu'un pour soigner une partie malade : *mamie est à l'hôpital pour une opération du genou.*
➤ Faire une opération, c'est opérer.
2. Une **opération**, c'est un calcul qu'on fait avec des nombres : *une addition et une soustraction sont des opérations.*

l'**or**

L'**or**, c'est un métal précieux, jaune et brillant : *on fabrique des bijoux en or.*

un **orage**

Un **orage,** c'est une grosse pluie avec des éclairs et des coups de tonnerre : *il y a un **orage,** rentrons vite à la maison !*

une **orange**

Une **orange** est un fruit rond et orange avec des pépins. Elle donne un jus au goût sucré : *on épluche l'**orange** pour la manger.*

➤ Les oranges poussent sur les orangers, dans les pays chauds.

un **orchestre**

Un **orchestre,** c'est un groupe de personnes qui font de la musique ensemble avec des instruments de musique différents : *ma tante joue du violon dans un **orchestre.***

➤ La personne qui dirige un orchestre est un chef d'orchestre.

un **ordinateur**

Un **ordinateur,** c'est une machine avec un écran et un clavier. Il sert à écrire des textes, à trouver des renseignements et à jouer : *Tom fait un jeu sur l'**ordinateur.***

l'ordre

1. L'**ordre,** c'est quand chaque chose est rangée à sa place : *Alexis finit de mettre sa chambre en **ordre.***

≠ Le contraire de l'ordre, c'est le désordre.

2. Un **ordre,** c'est ce qu'on dit de faire à quelqu'un : *la maîtresse nous a donné l'**ordre** de nous taire.*

➤ Donner un ordre, c'est ordonner.

les **ordures**

Les **ordures,** ce sont toutes les choses qu'on met à la poubelle : *les éboueurs ramassent les **ordures** tous les jours.*

une **oreille**

Les **oreilles** se trouvent de chaque côté de la tête. Elles permettent d'entendre : *Zoé s'est accroché des cerises aux **oreilles.***

un **os**

Les **os** sont les parties dures du corps qui servent à tenir les muscles et la peau : *l'ensemble des **os** du corps forme le squelette.*

oser

Oser, c'est avoir le courage de faire ou de dire quelque chose : *incroyable ! Lucie **a osé** sauter du grand plongeoir.*

une **otarie**

Une **otarie** est un gros animal au poil court et gris qui vit en liberté dans les mers très froides : *au cirque, Guillaume a vu des **otaries** dressées qui jouaient au ballon.*

oublier

1. Oublier, c'est ne pas se souvenir : *Antoine **a oublié** le nom de l'endroit où il a passé ses vacances.*
≠ Le contraire d'oublier, c'est se rappeler.
2. Oublier, c'est laisser un objet quelque part, sans le faire exprès : *Valentine **a oublié** son bonnet à l'école.*

un **ours**

Un **ours** est un gros animal sauvage qui a une fourrure brune, noire ou blanche et des grosses griffes : *les **ours** bruns vivent dans les forêts, en montagne.*
➤ La femelle de l'ours est l'ourse. Le petit est l'ourson.

un **outil**

Un **outil** est un objet qui sert à faire un travail avec les mains :
*un marteau et une scie sont des **outils**.*

ouvrir

1. Quand on **ouvre** une porte, on peut entrer ou sortir : *on **ouvre** la porte d'une maison avec une clé.*
2. **Ouvrir** un robinet, c'est le tourner pour que l'eau coule : *Azélie **ouvre** le robinet de l'évier.*
≠ Le contraire d'ouvrir, c'est fermer.

un **ovale**

Un **ovale** est une forme qui est arrondie et un peu allongée, comme un œuf : *j'ai dessiné un **ovale** sur mon cahier.*

un **parapluie**

le **parfum**

les **pays**

une **pêche**

un **perroquet**

)des **papillons**

une **poule**
des **poussins**

le **printemps**

un **panda**

une **page**

Une **page**, c'est chaque côté d'une feuille de livre ou de cahier : *maman me lit quelques pages d'un conte chaque soir.*

une **paille**

1. La **paille**, c'est la tige coupée des céréales : *les animaux de la ferme dorment sur de la paille.*

2. Une **paille**, c'est un petit tuyau fin qu'on utilise pour boire : *Théo boit son jus d'orange avec une paille.*

le **pain**

Le **pain** est un aliment fait d'un mélange de farine, d'eau, de levure et de sel. Il est cuit au four : *on achète le pain dans une boulangerie.*

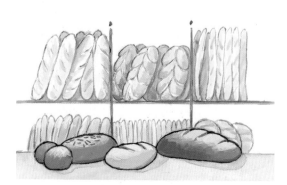

une **paire**

Une **paire**, c'est un ensemble de deux choses pareilles qui vont l'une avec l'autre : *j'ai une paire de moufles et une paire de gants.*

pâle

Être **pâle**, c'est avoir le visage presque blanc : *Lucas est tout pâle, il doit être malade !*

➤ Devenir pâle, c'est pâlir.

un **panda**

Un **panda** est un gros animal avec une fourrure blanche et noire. Il vit dans les forêts d'Asie : *le panda se nourrit de feuilles de bambou.*

un **panier**

Un **panier** est un objet en osier
qui sert à transporter des choses.
On le tient à la main par une ou deux
anses : *papi met les pommes
qu'il a cueillies dans un* **panier.**

un **paon**

Un **paon** est un grand et bel oiseau
qui a des plumes bleu-vert
et une longue queue : *le* **paon** *fait
la roue en étalant sa queue.*
➤ La femelle est la paonne.
Elle a des plumes moins colorées
que le mâle. Le petit est le paonneau.

le **papier**

Le **papier** est
une matière
fabriquée avec
du bois ou
des chiffons.
Il sert à écrire,
à faire des livres
et à envelopper
des choses :
*les livres et les journaux sont
imprimés sur du* **papier.**

un **papillon**

Un **papillon** est un insecte
qui a quatre grandes ailes, souvent
avec de jolies couleurs : *le* **papillon**
*pond de petits œufs, d'où sortent
des chenilles ; les chenilles
deviennent ensuite des* **papillons.**

*Pimpanicaille
Roi des* **papillons**
*En se faisant la barbe
S'est coupé le menton.*

a b c d e f g h i j k l m n o **p** q r s t u v w x y z

un **parapluie**

Un **parapluie**, c'est un objet qu'on ouvre au-dessus de sa tête pour se protéger de la pluie : *il pleut ! Heureusement, Zoé a son **parapluie** !*

➤ L'objet qui protège du Soleil, c'est un parasol.

les **parents**

Les **parents**, ce sont le père et la mère d'une personne : *papa et maman sont mes **parents**, ce sont aussi les **parents** de mon frère.*

➤ Les parents de mes parents, ce sont mes grands-parents.

paresseux, paresseuse

Être **paresseux**, c'est ne pas aimer travailler ni faire des efforts : *Hugo est **paresseux**, il n'a pas envie de se lever pour aller à l'école !*

= On dit aussi fainéant.

➤ Le défaut d'une personne paresseuse, c'est la paresse.

pareil, pareille

Quand deux personnes, deux animaux ou deux choses sont **pareils**, ils ont la même forme et la même couleur, ce sont les mêmes : *le bonnet d'Arthur et le bonnet de Nicolas sont **pareils**.*

= On dit aussi identique.

≠ Le contraire de pareil, c'est différent.

un **parfum**

1. Un **parfum**, c'est une odeur agréable : *Lucie adore le **parfum** des fleurs.*

2. Un **parfum**, c'est un liquide qui sent bon : *maman se met du **parfum**.*

➤ Se mettre du parfum, c'est se parfumer.

3. Le **parfum** d'une glace, c'est le goût qu'elle a : *chocolat, vanille ou fraise ? Quel **parfum** préfères-tu ?*

parler

Parler, c'est dire des mots pour faire savoir ce qu'on pense, ce qu'on veut : *ma petite sœur commence à parler*.

➤ Quand on parle, on dit des paroles.

partager

1. Partager, c'est couper en plusieurs parts : *Guillaume partage le gâteau pour ses amis et lui.*

2. Partager, c'est donner une partie de ce qu'on a : *sois gentil, partage tes bonbons avec ton frère !*

une **partie**

1. Une partie, c'est un morceau de quelque chose : *la tête, le tronc, les bras, les jambes sont des parties de notre corps.*

2. Une partie, c'est la durée d'un jeu jusqu'à ce qu'un des joueurs gagne : *papa et Sébastien font une partie de boules.*

partir

Partir, c'est quitter un endroit : *quand on part de la maison, on ferme la porte à clé.*

= On dit aussi s'en aller.

≠ Le contraire de partir, c'est arriver.

un **pas**

Faire un **pas,** c'est poser un pied devant l'autre pour marcher : *quand on marche sur le sable mouillé, on voit la trace de nos pas.*

a b c d e f g h i j k l m n o p q r s t u v w x y z

passer

1. Passer, c'est avancer sans s'arrêter : *Loïc aime regarder les avions passer.*

2. Passer, c'est traverser : *le tunnel passe sous la montagne.*

3. Passer, c'est donner ou envoyer : *passe-moi la moutarde, s'il te plaît !*

4. Passer, c'est employer son temps d'une certaine manière : *les enfants ont passé l'après-midi à jouer.*

5. Se passer, c'est avoir lieu, se dérouler : *cette histoire se passe dans un pays lointain.*

une **pâte**

1. La pâte est un mélange à base de farine et d'eau qui sert à faire du pain, des gâteaux ou des crêpes : *maman met la pâte dans un moule.*

2. La pâte à modeler, c'est une matière molle pour faire des formes : *Marie fait des petits animaux en pâte à modeler.*

3. Les pâtes sont des aliments fabriqués avec du blé qu'on fait cuire dans de l'eau : *les spaghettis et les nouilles sont des pâtes.*

patient, patiente

Être **patient,** c'est être capable d'attendre sans s'énerver : *il faut être patient quand un train a du retard.*
≠ Le contraire de patient, c'est impatient.
➤ La qualité d'une personne patiente, c'est la patience.

un **patin**

Les **patins** sont des chaussures spéciales qui servent à glisser : *avec les patins à roulettes, on glisse sur le sol ; avec les patins à glace, on glisse sur la glace.*
➤ Faire du patin, c'est patiner. Une personne qui fait du patin est un patineur ou une patineuse.

pauvre

Une personne **pauvre** n'a pas assez d'argent pour vivre : *il y a des gens très pauvres qui n'ont pas de maison et dorment dans la rue.*
≠ Le contraire de pauvre, c'est riche.

payer

Payer, c'est donner de l'argent pour avoir quelque chose : *on paie ses achats à la caisse du magasin.*

un **pays**

Un **pays,** c'est une partie du monde qui est séparée des autres par des frontières : *sur un globe, on peut voir tous les pays du monde.*

la **peau**

1. La **peau,** c'est ce qui couvre le corps : *on met de la crème sur sa peau pour la protéger du soleil.*

2. La **peau,** c'est ce qui recouvre les fruits et les légumes : *on enlève la peau des oranges pour les manger.*

une **pêche**

Une **pêche** est un fruit sucré qui a un gros noyau et une peau très douce : *on mange des pêches en été.*

➤ Les pêches poussent sur les pêchers.

un **paysage**

Un **paysage,** c'est ce qu'on voit dehors quand on regarde autour de soi : *du haut de la colline, on découvre un joli paysage.*

pêcher

Pêcher, c'est attraper des poissons avec une canne à pêche ou un filet : *papi pêche dans la rivière.*

➤ Les personnes qui vont à la pêche ou qui pêchent sont des pêcheurs.

a
b
c
d
e
f
g
h
i
j
k
l
m
n
o
p
q
r
s
t
u
v
w
x
y
z

un **peigne**

Un **peigne,** c'est un objet plat et long avec des petites pointes qu'on appelle des « dents » : *un **peigne** sert à démêler et à coiffer les cheveux.*

➤ Coiffer avec un peigne, c'est peigner.

peindre

1. Peindre, c'est étaler de la peinture avec un pinceau ou un rouleau : *Éric **peint** le mur en jaune.*

2. Peindre, c'est faire un tableau : *maman **a peint** un tableau représentant des fleurs.*

➤ Une personne qui peint ou qui fait de la peinture est un peintre.

une **pelle**

Une **pelle** est un outil fait d'une plaque de métal attachée à un manche : *on creuse la terre avec une **pelle.***

se **pencher**

Se pencher, c'est baisser le haut du corps en avant : *Romain **se penche** pour cueillir des fleurs.*

= On dit aussi se baisser.

un **pépin**

Un **pépin,** c'est une petite graine qu'on trouve dans certains fruits : *les poires, les pommes, les melons, les pastèques ont des **pépins.***

percer

Percer, c'est faire un trou : *l'ouvrier **perce** le mur du salon pour installer des étagères.*

➤ L'outil qui sert à percer des trous, c'est une perceuse.

perdre

1. Perdre, c'est ne pas retrouver :
*Lucie **perd** souvent ses crayons.*

2. Perdre, c'est être le moins bon,
le moins fort : *j'ai **perdu** au ping-pong.*
≠ Le contraire de perdre,
c'est gagner.
➤ Une personne qui perd est
un perdant ou une perdante.

3. Se perdre, c'est ne plus retrouver
son chemin : *on peut **se perdre**
dans une forêt.*

*C'est la mère Michel
Qui **a perdu** son chat.
Qui crie par la fenêtre
À qui le lui rendra…*

une **perle**

Une **perle,** c'est
une petite boule
percée d'un trou
pour passer
un fil : *Lola
a un joli collier
de **perles.***

permettre

1. Permettre, c'est donner le droit
de faire quelque chose : *maman
me **permet** d'aller faire du roller
avec Lucas.*
≠ Le contraire de permettre,
c'est interdire ou défendre.
➤ Permettre, c'est donner
la permission.

2. Permettre, c'est rendre une chose
possible : *les bateaux **permettent**
de voyager sur l'eau.*
≠ Le contraire de permettre,
c'est empêcher.

un **père**

1. Un père, c'est un homme qui a
un ou plusieurs enfants : *on appelle
son **père** « papa ».*
➤ Le père de mon père ou le père
de ma mère, c'est mon grand-père.

2. Un père, c'est un animal mâle
qui a un ou plusieurs petits : *le lion
est le **père** du lionceau.*

un **perroquet**

Un **perroquet**
est un oiseau avec
un bec crochu
et des plumes qui ont
souvent de belles couleurs :
*un **perroquet** est capable
de répéter les mots
qu'on lui apprend.*

a
b
c
d
e
f
g
h
i
j
k
l
m
n
o
p
q
r
s
t
u
v
w
x
y
z

un **personnage**

Un **personnage,** c'est une personne ou un animal inventés dont on raconte les aventures dans une histoire : *Pinocchio est un célèbre* **personnage** *de conte.*

peser

1. Peser, c'est mesurer le poids d'une chose ou d'une personne : *le marchand de fruits* **pèse** *les cerises sur la balance.*

2. Peser, c'est avoir un certain poids : *Amélie* **pèse** *18 kilos.*

un **pétale**

Les **pétales** sont les parties colorées d'une fleur : *les* **pétales** *des coquelicots sont rouges ; ceux des pâquerettes sont blancs et roses.*

petit, petite

1. Être **petit,** c'est avoir une taille peu élevée : *Élodie est plus* **petite** *qu'Alex.*

2. Être **petit,** c'est être très jeune : *un bébé est trop* **petit** *pour manger tout seul.*

3. Il n'y a pas beaucoup de place dans ce qui est **petit :** *nous habitons un* **petit** *appartement.*

≠ Le contraire de petit, c'est grand.

la **peur**

La **peur,** c'est ce qu'on sent quand il y a un danger ou quand on imagine qu'il y en a un : *Paul a* **peur** *des gros chiens.*

➤ Quand on a peur de tout, on est peureux.

un **phare**

1. Un **phare,** c'est une grande tour avec une lumière puissante dans le haut. Il sert à guider les bateaux près des côtes, la nuit : *le bateau passe près du phare.*

2. Les **phares** d'une voiture, ce sont les lumières qui se trouvent à l'avant. Ils servent à éclairer la route : *les conducteurs allument les phares quand il y a du brouillard.*

une **photo**

Une **photo,** c'est une image faite avec un appareil photo : *Julien montre à Chloé la photo de son chien.*
➤ Une personne qui prend des photos est un ou une photographe.

un **piano**

Un **piano** est un instrument de musique avec des touches noires et blanches : *on frappe les touches du piano pour faire des sons.*
➤ Une personne qui joue du piano est un ou une pianiste.

une **pièce**

1. Une **pièce,** c'est une partie d'une maison ou d'un appartement qui est entourée de murs : *le salon et les chambres sont des pièces.*
2. Une **pièce** est un petit morceau de métal rond et plat qui sert à payer : *je mets mes pièces dans une tirelire.*

la **pierre**

1. La **pierre** est une matière dure qu'on trouve dans la terre. Elle sert à bâtir des maisons, à faire des routes : *notre immeuble est en pierre.*
2. Une **pierre** est un morceau de rocher : *des pierres sont tombées sur la route.*

a
b
c
d
e
f
g
h
i
j
k
l
m
n
o
p
q
r
s
t
u
v
w
x
y
z

une **pile**

1. Une **pile**, c'est un ensemble d'objets placés les uns sur les autres : *il y a une **pile** d'assiettes sur la table.*
➤ Mettre en pile, c'est empiler.

2. Une **pile**, c'est un petit objet qui donne de l'électricité : *ma voiture téléguidée marche avec des **piles.***

un **pingouin**

Un **pingouin** est un oiseau de mer noir et blanc qui a des pattes palmées et un gros bec. Il vit près des glaces du pôle Nord. Il peut nager et voler : *les **pingouins** vivent en groupe.*

un **piquant**

1. Un **piquant** est une pointe qui pousse sur certaines plantes : *les cactus ont des **piquants.***

2. Un **piquant** est un poil dur qui pousse sur le corps de certains animaux : *les hérissons ont le dos couvert de **piquants.***

un **pique-nique**

Un **pique-nique** est un repas froid qu'on mange dehors, le plus souvent dans la nature, sur l'herbe : *Lucie et ses parents font un **pique-nique** dans les bois.*
➤ Faire un pique-nique, c'est pique-niquer.

piquer

1. Piquer, c'est enfoncer une aiguille ou quelque chose de pointu : *les guêpes piquent avec leur dard.*
➤ Quand on se fait piquer par un insecte, on a une piqûre.
2. Piquer, c'est irriter, c'est brûler un tout petit peu : *la moutarde forte pique la langue.*
➤ Ce qui pique est piquant.

un **pirate**

Autrefois, un **pirate** était un bandit qui attaquait les bateaux pour voler tout ce qu'il y avait dedans : *les pirates montent à l'assaut du navire.*

une **place**

1. Une place, c'est un endroit où quelque chose est rangé d'habitude : *je ne retrouve plus mes rollers, ils ne sont pas à leur place.*
2. Une place, c'est un endroit où quelqu'un peut s'asseoir : *Clara laisse sa place à la dame.*

3. Une place, c'est un espace libre où l'on peut mettre quelque chose : *il reste de la place dans ma valise.*
4. Une place, c'est un endroit assez grand où plusieurs rues arrivent : *il y a une fête sur la place du village.*

un **plafond**

Le **plafond,** c'est le haut d'une pièce : *regarde, il y a une petite araignée au plafond !*

> *Un petit cochon*
> *Pendu au plafond.*
> *Tirez-lui la queue*
> *Il pondra des œufs...*

a
b
c
d
e
f
g
h
i
j
k
l
m
n
o
p
q
r
s
t
u
v
w
x
y
z

une **plage**

Une **plage,** c'est un endroit plat couvert de sable ou de galets, au bord de la mer : *il y a souvent des coquillages sur la **plage.***

Va voir « la mer », page 287.

une **planche**

Une **planche,** c'est un morceau de bois, long et plat : *grand-père nous construit une petite cabane avec des **planches.***

une **plante**

Une **plante,** c'est ce qui pousse dans la terre. Elle est fixée au sol par ses racines : *les arbres, les fleurs, les légumes, les champignons sont des **plantes.***

planter

Planter, c'est mettre une plante dans la terre pour qu'elle pousse : *Jean **plante** des salades.*

plat, plate

Ce qui est **plat** n'a ni creux ni bosses et n'est pas non plus en pente : *c'est plus facile de faire du vélo sur un terrain **plat.***

plein, pleine

1. Ce qui est **plein** est rempli, on ne peut rien y mettre en plus : *mon verre est **plein.*** ≠ Le contraire de plein, c'est vide.

2. Plein de, c'est un grand nombre de : *Alexandre a **plein de** copains.* = On dit aussi beaucoup.

pleurer

Pleurer, c'est avoir des larmes qui coulent des yeux : *Martin pleure et sa maman le console.*

≠ Le contraire de pleurer, c'est rire.

plonger

Plonger, c'est sauter dans l'eau, la tête et les bras en avant : *le maître-nageur m'apprend à plonger.*

➤ Plonger, c'est faire un plongeon. On peut plonger d'un plongeoir.

plier

Plier, c'est mettre une partie d'un papier ou d'un tissu à plat sur une autre partie : *Timothée plie une feuille pour fabriquer une cocotte en papier.*

➤ Quand on plie du papier pour lui donner certaines formes, on fait des pliages.

la **pluie**

La pluie, c'est de l'eau qui tombe des nuages en gouttes : *la pluie arrose le jardin.*

➤ Quand la pluie tombe, il pleut.

une **plume**

Les **plumes** recouvrent et protègent le corps des oiseaux. Elles sont allongées, plates et douces : *le flamant rose a des plumes rose-orangé sur le bord des ailes.*

a b c d e f g h i j k l m n o p q r s t u v w x y z

plusieurs

Plusieurs, c'est plus d'un : *Julie a* **plusieurs** *copains.*

une **poésie**

Une **poésie** est une petite histoire écrite, où les derniers mots de chaque ligne se terminent par un même son : *Laura récite la* **poésie** *des pinsons.*

= On dit aussi un poème.

➤ Une personne qui écrit une poésie est un poète.

J'ai vu trois pinsons
Gazouiller sur une branche.
Ils apprennent des chansons
Pour nous les chanter dimanche.

le **poids**

Le **poids,** c'est ce que pèse une personne ou une chose : *on mesure le* **poids** *d'une personne en kilos.*

une **poignée**

1. Une **poignée,** c'est la partie d'un objet qui sert à le tenir avec la main : *les valises ont une* **poignée.**

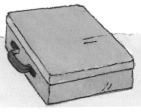

2. Une **poignée,** c'est ce qui tient dans une main fermée : *Louis donne à Éloïse une* **poignée** *de bonbons.*

un **poil**

Les **poils** recouvrent le corps de certains animaux. Ils recouvrent aussi certaines parties du corps des personnes : *le chien de Romain a de longs* **poils.**

une **pointe**

1. Une **pointe**, c'est le bout mince et piquant d'un objet : *maman s'est piqué le doigt avec la* **pointe** *d'une aiguille.*

2. Sur la **pointe** des pieds, c'est sur le bout des pieds : *Félix marche sur la* **pointe** *des pieds pour ne pas faire de bruit.*

pointu, pointue

Ce qui est **pointu** se termine par une pointe : *les crocodiles ont des dents* **pointues.**

une **poire**

Une **poire** est un fruit ovale, jaune ou vert, avec des pépins : *les* **poires** *sont juteuses et sucrées.*

➤ Les poires poussent sur les poiriers.

le **poison**

Le **poison** est un produit qui peut rendre très malade ou faire mourir si on l'avale : *la sorcière a mis du* **poison** *dans la pomme de Blanche-Neige.*

un **poisson**

Un **poisson** est un animal qui vit dans l'eau. Il a des nageoires et son corps est couvert d'écailles : *il existe des* **poissons** *de mer et des* **poissons** *d'eau douce.*

➤ Une personne qui vend du poisson est un poissonnier ou une poissonnière et travaille dans une poissonnerie.

Va voir « les animaux de la mer », page 258.

a b c d e f g h i j k l m n o p q r s t u v w x y z

poli, polie

Être **poli**, c'est être bien élevé et se conduire comme il faut : *quand on est **poli**, on n'oublie jamais de dire «s'il vous plaît», «merci», «pardon», «bonjour» et «au revoir».*
≠ Le contraire de poli, c'est impoli.

la **police**

La **police**, ce sont des personnes qui s'occupent de la sécurité sur les routes et dans les villes et qui arrêtent les voleurs et les criminels : *on roulait trop vite, la **police** nous a arrêtés.*
➤ Les personnes qui travaillent dans la police sont des policiers.

pollué, polluée

Un air, une eau ou un endroit **pollués** sont sales et mauvais pour la santé : *l'air des grandes villes est souvent **pollué** à cause des voitures.*

une **pomme**

1. Une **pomme** est un fruit rond jaune, vert ou rouge avec des pépins : *on croque dans une **pomme**.*
➤ Les pommes poussent sur les pommiers.
2. Une **pomme de terre** est un légume qui pousse dans la terre : *avec des **pommes de terre**, on fait de la purée et des frites.*

un **pompier**

Un **pompier** est une personne qui combat les incendies et qui porte secours aux blessés : *quand il y a le feu, les **pompiers** arrivent très vite.*

pondre

Pondre, c'est faire sortir un œuf de son corps : *les femelles des oiseaux, des poissons et des serpents pondent des œufs.*

un **poney**

Un **poney** est un petit cheval qui a une crinière épaisse : *on fait souvent faire du poney aux enfants.*

un **pont**

Un **pont** est une construction qui permet de passer par-dessus une rivière, une route ou une voie ferrée : *la barque passe sous le pont.*

un **port**

Un **port,** c'est un endroit au bord de la mer où les bateaux peuvent s'arrêter et s'abriter : *les bateaux de pêche rentrent au port.*

porter

1. Porter, c'est soulever et tenir : *maman porte Arthur dans ses bras.*

2. Porter un vêtement, c'est l'avoir sur soi, c'est être habillé avec : *Arthur porte un tee-shirt jaune.*

3. Porter, c'est apporter quelque part : *mamie porte un paquet à la poste.*

a b c d e f g h i j k l m n o p q r s t u v w x y z

poser

1. Poser, c'est mettre une chose quelque part : *je pose les assiettes sur la table pour mettre le couvert.*

2. Poser une question, c'est demander quelque chose à quelqu'un : *Adrien pose une question à la maîtresse.*

3. Se poser, c'est arrêter de voler et se placer quelque part : *un oiseau s'est posé sur le bord de la fenêtre.*
≠ Le contraire de se poser, c'est s'envoler.

possible

1. Ce qui est **possible** peut être fait : *c'est possible de nager la tête sous l'eau, mais ce n'est pas possible de marcher sur l'eau !*

2. Ce qui est **possible** peut arriver, se produire : *le ciel est tout gris, il est possible qu'il pleuve demain.*
≠ Le contraire de possible, c'est impossible.

un pou

Un **pou** est un insecte minuscule qui vit dans les cheveux : *les poux pondent des œufs qui s'appellent des « lentes ».*

la poudre

La **poudre** est une matière faite de grains très fins : *la farine est une poudre blanche faite avec des grains de blé écrasés.*

un poulain

Un **poulain** est un tout jeune cheval : *quelques minutes après sa naissance, le poulain se met déjà debout.*
➤ La mère du poulain est la jument, son père est le cheval.

une **poule**

1. Une **poule** est un oiseau de la ferme. Elle a une crête rouge sur la tête : *les poules picorent des grains.*

➤ Le mâle de la poule est le coq. Leur petit est le poussin. Le poulet est un jeune coq ou une jeune poule.

2. On dit : « j'ai la chair de **poule** » quand on a les poils qui se dressent parce qu'on a froid ou qu'on a peur.

*Une **poule** sur un mur*
Qui picote du pain dur
Picoti picota
Lève la queue et puis s'en va.

une **poupée**

Une **poupée**, c'est un jouet qui ressemble à un enfant ou à une grande personne : *Lise joue avec ses **poupées**.*

pousser

1. Pousser quelque chose, c'est le faire bouger vers l'avant en appuyant dessus : *ma sœur pousse la poussette.*

≠ Le contraire de pousser, c'est tirer.

2. Pousser quelqu'un, c'est le bousculer : *ne me **pousse** pas, tu vas me faire tomber !*

3. Pousser, c'est grandir : *les plantes, les cheveux, les dents **poussent**.*

la **poussière**

La **poussière,** c'est une matière faite de tout petits grains de terre ou de saleté. Elle flotte dans l'air et se dépose un peu partout : *les meubles du grenier sont couverts de **poussière**.*

a
b
c
d
e
f
g
h
i
j
k
l
m
n
o
p
q
r
s
t
u
v
w
x
y
z

un **poussin**

Le **poussin** est le petit de la poule et du coq, qui vient de sortir de l'œuf : *les poussins suivent leur mère partout.*

pouvoir

1. Pouvoir, c'est être capable de faire quelque chose : *quand on sait nager, on peut aller dans le grand bassin.*

2. Pouvoir, c'est avoir la permission de faire quelque chose : *je peux regarder la télévision, maman est d'accord.*

préférer

Préférer, c'est aimer mieux : *le dessert que Nassera préfère, c'est la glace.*

premier, première

Le **premier,** c'est celui qui vient avant tous les autres : *le 1er janvier est le premier jour de l'année.*
≠ Le contraire du premier, c'est le dernier.

prendre

1. Prendre, c'est attraper avec sa main : *Nicolas prend un livre sur l'étagère.*

2. Prendre, c'est emporter avec soi : *prends ton maillot de bain, nous allons nous baigner !*

3. Prendre, c'est enlever quelque chose à quelqu'un : *Tom m'a pris ma petite voiture.*
≠ Le contraire de prendre, c'est rendre.

4. Prendre, c'est utiliser un moyen de transport : *nous prenons le car pour aller à l'école.*

un **prénom**

Le **prénom,** c'est le nom que les parents donnent à leur enfant à sa naissance. Il vient avant le nom de famille : *je m'appelle Paul Dupuis ; mon prénom, c'est Paul.*

préparer

Préparer, c'est faire ce qu'il faut à l'avance pour qu'une chose soit prête : *Zoé aide sa maman à **préparer** le repas.*

pressé, pressée

Être **pressé**, c'est être obligé de se dépêcher, c'est ne pas avoir beaucoup de temps : *papa est **pressé**, il avance à grands pas et me fait courir pour aller à l'école.*

près

Ce qui est **près** est à une petite distance de l'endroit où l'on se trouve : *mon école est tout **près** de ma maison.*

≠ Le contraire de près, c'est loin.

présent, présente

Être **présent,** c'est être là : *toute la famille est **présente** pour fêter l'anniversaire de Romain.*

≠ Le contraire de présent, c'est absent.

prêt, prête

1. Être **prêt**, c'est avoir fini de se préparer : *Benjamin a fini de s'habiller, il est **prêt** à partir.*

2. Ce qui est **prêt** a été préparé : *le repas est **prêt**, allons manger !*

prêter

Prêter, c'est permettre à quelqu'un d'utiliser pour un certain temps une chose qu'on possède : *j'ai prêté un livre à Alexis pour les vacances.*
≠ Le contraire de prêter, c'est emprunter.

prévenir

Prévenir, c'est dire à l'avance : *maman a prévenu la maîtresse que je n'irais pas en classe demain.*
= On dit aussi avertir.

un **prince,** une **princesse**

Un **prince** est le fils d'un roi et d'une reine, une **princesse** est leur fille : *Blanche-Neige est une princesse.*

Lundi matin,
L'empereur, sa femme
et le p'tit prince
Sont venus chez moi
Pour me serrer la pince...

le **printemps**

Le **printemps** est la saison qui vient après l'hiver et avant l'été : *les plantes recommencent à pousser, et les jours deviennent plus longs, au printemps.*

un **prix**

1. Le **prix** d'une chose, c'est ce qu'elle coûte, c'est l'argent qu'il faut donner pour l'acheter : *le prix des vêtements est marqué sur une étiquette.*

2. Un **prix,** c'est une récompense donnée à celui qui gagne : *Antoine a gagné le premier prix au concours de châteaux de sable.*

prochain, prochaine

L'année **prochaine**, c'est l'année qui viendra après cette année : *l'année prochaine, j'irai à la grande école.*
≠ Le contraire de l'année prochaine, c'est l'année dernière.

promettre

Promettre, c'est affirmer qu'on va faire ce que l'on a dit : *on ira au zoo mercredi, papi nous l'**a promis**.*
➤ Quand on promet, on fait une promesse.

profond, profonde

Ce qui est **profond** a un fond qui est loin de la surface, du bord : *quand la mer est trop **profonde**, maman me prend sur ses épaules.*

propre

Ce qui est **propre** n'a pas de taches ni de poussière : *je viens de me laver les mains, elles sont toutes **propres**.*
≠ Le contraire de propre, c'est sale.

se **promener**

Se promener, c'est marcher dehors, pour son plaisir : *le dimanche, nous allons souvent **nous promener** dans les bois.*
➤ Quand on se promène, on fait une promenade. Les personnes qui se promènent sont des promeneurs.

protéger

1. Protéger une personne ou un animal, c'est empêcher qu'on leur fasse du mal : *la police est chargée de **protéger** les gens.*
= On dit aussi défendre.

2. Protéger, c'est mettre à l'abri : *les parapluies **protègent** de la pluie ; les parasols **protègent** du Soleil.*

prudent, prudente

Être **prudent,** c'est faire très attention aux dangers : *Loan est très **prudente** : elle met son casque pour faire du vélo.*
≠ Le contraire de prudent, c'est imprudent.

punir

Punir quelqu'un, c'est le priver d'une chose agréable ou l'obliger à faire quelque chose qu'il n'aime pas parce qu'il s'est mal conduit : *Jules est puni, il n'a pas le droit de sortir.*
➤ Punir, c'est donner une punition.

une **publicité**

Une **publicité,** c'est un petit film ou une affiche qui sont faits pour donner envie d'acheter quelque chose : *nous regardons les **publicités** à la télévision.*

un **puzzle**

Un **puzzle,** c'est un jeu fait de petits morceaux de carton ou de bois. On doit les assembler correctement pour former une image : *Mathieu a presque fini son **puzzle.***

une **règle**

se **retourner**

ressembler

un **robot**

des **quilles**

une **rose**

un **renard**

un **ruban**

un **roi**

une **reine**

remuer

rêver

un **quai**

Un **quai,** c'est une sorte de grand trottoir qui se trouve le long des rails, dans une gare, ou le long de l'eau, dans un port : *les pêcheurs déchargent leurs marchandises sur le **quai**.*

une **qualité**

Une **qualité,** c'est quelque chose de bien dans le caractère d'une personne : *la gentillesse et le courage sont des **qualités**.*
≠ Le contraire d'une qualité, c'est un défaut.

quelquefois

Quelquefois, c'est de temps en temps : *Fanny va **quelquefois** chez son amie Lola.*
= On dit aussi parfois.

la **queue**

1. La **queue** d'un animal, c'est la partie du corps qui se trouve dans le bas du dos : *la vache remue la **queue** pour chasser les mouches.*
2. La **queue** d'un fruit, c'est sa tige : *on cueille les cerises par la **queue**.*

une **quille**

Une **quille,** c'est un morceau de bois ou de plastique posé debout sur le sol et qu'on doit faire tomber avec une boule : *Lucie joue aux **quilles**.*

quitter

1. **Quitter** un endroit, c'est partir de cet endroit : *quand le film est fini, les spectateurs **quittent** la salle.*
2. **Quitter** une personne, c'est la laisser et partir : *il est tard, je vous **quitte**.*

une **racine**

La **racine** est la partie d'une plante qui se trouve dans la terre. Elle sert à la nourrir : *les arbres ont de grosses racines.*

raconter

1. Raconter une histoire, c'est la dire ou la lire tout haut : *le soir, maman me raconte une histoire.*

2. Raconter, c'est dire comment s'est passé quelque chose : *Maxime nous a raconté ses vacances.*

le **raisin**

Le **raisin** est le fruit de la vigne : *le raisin pousse en grappes vertes ou violettes.*

ralentir

Ralentir, c'est aller moins vite : *le train ralentit quand il entre en gare.*
≠ Le contraire de ralentir, c'est accélérer.

ramasser

Ramasser, c'est prendre ce qui est par terre : *Théo et Marie ramassent des champignons et des châtaignes.*

Nous n'irons plus au bois,
Les lauriers sont coupés,
La belle que voilà,
Ira les ramasser.

ramper

Ramper, c'est avancer en glissant sur le ventre : *les escargots, les vers de terre et les serpents sont des animaux qui se déplacent en rampant.*

a b c d e f g h i j k l m n o p q **r** s t u v w x y z

un **rang**

Un **rang,** c'est une suite de choses ou de personnes placées les unes à côté des autres : *au cinéma, Paul aime s'asseoir au premier **rang.***

ranger

Ranger, c'est mettre les choses à leur place, à l'endroit où elles doivent être : *Vincent **range** ses crayons dans la boîte.*

➤ Quand on range, on fait du rangement.

se **rappeler**

Se rappeler quelque chose ou quelqu'un, c'est l'avoir gardé dans sa mémoire, c'est s'en souvenir : *je **me rappelle** bien cette chanson.*

≠ Le contraire de se rappeler, c'est oublier.

un **rat**

Un **rat** est un animal qui a un museau pointu, une longue queue et qui ressemble à une grosse souris. Il ronge ses aliments : *les **rats** vivent dans les champs ou en ville, dans les caves et les égouts.*

➤ La femelle du rat est la rate. Le petit est le raton.

rapide

Être **rapide,** c'est aller vite : *les voitures de course sont **rapides.***

≠ Le contraire de rapide, c'est lent.

rayé, rayée

1. Ce qui est **rayé** a des bandes de couleur : *Baptiste porte un tee-shirt **rayé.***

➤ Ce qui est rayé a des rayures.

2. Ce qui est **rayé** a été abîmé par un objet pointu qui a laissé une trace : *la portière de la voiture est **rayée.***

un **rayon**

1. Un **rayon** de soleil, c'est une longue bande de lumière qui part du Soleil : *les rayons du Soleil passent à travers les nuages.*

2. Les **rayons** d'une roue, ce sont les tiges de métal qui partent du milieu de la roue : *les roues des bicyclettes ont des rayons.*

3. Un **rayon,** c'est une partie d'un grand magasin où l'on trouve des marchandises de la même sorte : *j'aime bien le rayon des jouets.*

rebondir

Rebondir, c'est faire un bond après avoir touché le sol ou un mur : *Alexandre s'amuse à faire rebondir son ballon sur le sol.*

une **recette**

Une **recette** de cuisine, c'est une explication sur la façon de faire un plat : *maman fait un gâteau au chocolat en suivant une recette.*

récompenser

Récompenser, c'est faire un petit cadeau à quelqu'un parce qu'il a fait quelque chose de bien : *papa m'a offert un livre de contes pour me récompenser d'avoir été sage.*
≠ Le contraire de récompenser, c'est punir.
➤ Récompenser, c'est donner une récompense.

reconnaître

Reconnaître une personne, c'est pouvoir dire qui elle est en la voyant : *on reconnaît bien Chloé sur cette photo.*

un **rectangle**

Un **rectangle** est une forme qui a quatre côtés, deux grands et deux petits : *Marin a dessiné des rectangles sur son cahier.*

refuser

Refuser, c'est ne pas vouloir : *l'âne est têtu, il refuse d'avancer.*
≠ Le contraire de refuser, c'est accepter.

reculer

Reculer, c'est aller en arrière : *Marie a reculé d'un pas quand le chien s'est approché d'elle.*
≠ Le contraire de reculer, c'est avancer.
➤ Quand on recule, on va à reculons.

regarder

Regarder, c'est tourner les yeux vers une personne ou vers une chose pour les voir : *regarde ! Un avion passe dans le ciel.*

réfléchir

Réfléchir, c'est chercher dans sa tête ce qu'on va dire ou ce qu'on va faire : *Lucas réfléchit pour savoir par quel chemin il va faire passer la souris.*

une **règle**

1. Une **règle** est un objet long qui sert à faire des traits bien droits ou à mesurer : *je prends une règle pour souligner les mots sur mon cahier.*

2. La **règle** d'un jeu, c'est la façon d'y jouer, c'est ce qu'on a le droit de faire et ce qu'il est défendu de faire quand on joue : *mon frère m'a expliqué la règle du jeu de dames.*

relier

Relier, c'est rattacher deux choses l'une à l'autre : *dans cet exercice, il faut **relier** par un trait les animaux avec ce qu'ils produisent.*

= On dit aussi réunir.

remplacer

1. Remplacer, c'est mettre une chose à la place d'une autre : *la lampe ne s'allume plus, papa **remplace** l'ampoule.*

= On dit aussi changer.

2. Remplacer, c'est faire le travail d'une personne à sa place : *quand la maîtresse est malade, quelqu'un la **remplace.***

remplir

Remplir, c'est rendre plein : *Manon **remplit** son seau de sable.*

≠ Le contraire de remplir, c'est vider.

remuer

1. Remuer, c'est faire des mouvements, changer de place : *Fanny **remue** tout le temps.*

= On dit aussi bouger.

2. Remuer, c'est bouger une partie du corps : *le chien **remue** la queue quand il est content.*

3. Remuer, c'est tourner pour mélanger : *François **remue** son chocolat au lait avec une cuillère.*

a
b
c
d
e
f
g
h
i
j
k
l
m
n
o
p
q
r
s
t
u
v
w
x
y
z

un **renard**

Un **renard** est un animal sauvage qui vit dans les bois.
Il a une fourrure rousse, un museau pointu et une queue épaisse : *le renard s'abrite dans un terrier.*
➤ La femelle du renard est la renarde. Le petit est le renardeau.

Tousse, tousse, tousse,
Si le renard tousse,
Lui faut de la mousse,
Douce, douce, douce...

rencontrer

Rencontrer quelqu'un, c'est le trouver par hasard sur son chemin : *nous avons rencontré Éloïse au square.*

rendre

Rendre, c'est redonner à quelqu'un une chose qu'il nous a prêtée : *Luc rend à Julien ses crayons de couleur.*

rentrer

1. Rentrer, c'est entrer dans un endroit d'où l'on est sorti : *les enfants rentrent en classe après la récréation.*

2. Rentrer, c'est mettre à l'abri, à l'intérieur : *Chloé rentre son vélo car il va pleuvoir.*
≠ Le contraire de rentrer, c'est sortir.

réparer

Réparer, c'est remettre en état de marche ce qui était cassé ou abîmé : *le garagiste répare la voiture.*
➤ Quand on répare quelque chose, on fait une réparation.

un **repas**

Un **repas,** c'est la nourriture qu'on mange à certains moments de la journée : *le petit déjeuner, le déjeuner, le goûter et le dîner sont des repas.*

repasser

Repasser, c'est enlever les plis d'un vêtement ou d'un tissu avec un fer à repasser : *papa repasse sa chemise.*
➤ Repasser, c'est faire du repassage.

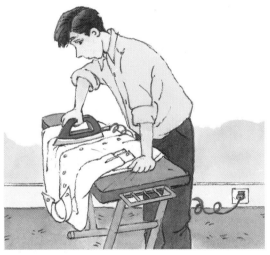

répéter

1. Répéter, c'est dire encore une fois ce qu'on a déjà dit : *je te répète qu'on va être en retard !*
= On dit aussi redire.

2. Répéter, c'est dire à quelqu'un ce que quelqu'un d'autre nous a dit : *Tom a répété mon secret à Inès !*

répondre

1. Répondre, c'est dire quelque chose à une personne qui a posé une question : *veux-tu aller au cirque ? Réponds-moi, dis-moi oui ou non !*
➤ Quand on répond à une question, on donne une réponse.

2. Répondre, c'est écrire en retour à une personne qui a envoyé une lettre : *maman répond à la lettre de mamie.*

3. Répondre, c'est décrocher le téléphone pour parler à la personne qui appelle : *le téléphone sonne ! Réponds, s'il te plaît.*

se **reposer**

Se reposer, c'est s'asseoir ou s'allonger et rester tranquille quand on est fatigué : *Nicolas a beaucoup joué et maintenant il se repose.*
➤ Quand on se repose, on prend du repos.

un **requin**

Un **requin** est un très grand poisson avec des dents pointues qui vit dans les mers chaudes ou tièdes : *certains requins sont très féroces et peuvent dévorer de gros animaux marins.*

respirer

Respirer, c'est faire entrer de l'air dans ses poumons, puis le rejeter : *on respire par le nez ou par la bouche.*
➤ Le fait de respirer, c'est la respiration.

ressembler

Ressembler, c'est être presque pareil : *Thomas ressemble beaucoup à son frère aîné, on les confond souvent.*

rester

1. Rester, c'est être quelque part et ne pas s'en aller : *Julie doit rester à la maison car elle est malade.*
2. Quand **il reste** quelque chose, il y en a encore : *il reste une part de gâteau, qui la veut ?*

le **retard**

Être en **retard,** c'est arriver après l'heure prévue : *dépêchez-vous, on est en retard !*
≠ Le contraire d'être en retard, c'est être en avance.

retourner

1. Retourner, c'est aller de nouveau dans un endroit où l'on est déjà allé : *j'aimerais bien retourner à la mer cet été.*
2. Retourner, c'est mettre de l'autre côté : *maman retourne le bifteck dans la poêle.*
3. Se retourner, c'est tourner la tête ou faire demi-tour pour regarder en arrière : *Guillaume s'est retourné quand Pierre l'a appelé.*

a b c d e f g h i j k l m n o p q **r** s t u v w x y z

réussir

Réussir, c'est arriver à faire quelque chose : *Zoé **a réussi** à faire du vélo sans les petites roues.*

un **rêve**

Un **rêve,** c'est une suite d'images qui passent dans la tête quand on dort. Il raconte souvent une histoire : *cette nuit, Lola a fait un beau rêve : elle rencontrait une fée…*
➤ Faire un rêve, c'est rêver.

se **réveiller**

Se réveiller, c'est arrêter de dormir : *ce matin, je **me suis réveillé** avant tout le monde.*
≠ Le contraire de se réveiller, c'est s'endormir.

le **rez-de-chaussée**

Le **rez-de-chaussée,** c'est la partie d'une maison ou d'un immeuble qui est au niveau de la rue : *on n'a pas besoin de monter l'escalier pour aller au **rez-de-chaussée.***

un **rhinocéros**

Un **rhinocéros** est un gros animal sauvage des pays chauds qui se nourrit d'herbe. Il a une peau grise très épaisse et une ou deux cornes sur le nez. Avec ses petits yeux, il voit très mal : *le **rhinocéros** se roule dans la boue pour se rafraîchir.*

riche

Une personne **riche** a beaucoup
d'argent : *quand on est riche,
on peut acheter des tas de choses.*
≠ Le contraire de riche, c'est pauvre.

rire

Rire, c'est ouvrir la bouche et faire
des petits bruits parce qu'on trouve
quelque chose drôle, qu'on s'amuse :
*Antoine rit aux éclats quand
son grand-père fait le clown.*
≠ Le contraire de rire, c'est pleurer.

une **rivière**

Une **rivière,** c'est un cours d'eau
qui coule jusque dans un fleuve
ou dans une autre rivière : *une rivière
traverse la campagne, mais parfois
aussi des villes et des villages.*

le **riz**

Le **riz** est une plante des pays chauds
dont on mange les grains : *on fait
pousser le riz dans des champs pleins
d'eau appelés « rizières ».*

un **robot**

1. Un **robot,** c'est une machine
automatique qui peut faire certains
travaux à la place d'une personne :
*des robots sont utilisés dans
les usines pour construire les voitures.*
2. Un **robot,** c'est un jouet mécanique
en métal ou en plastique. Il représente
un être vivant qui a l'allure d'une
machine : *Martin joue avec son robot.*

un **rocher**

Un **rocher,** c'est un énorme bloc de pierre : *les enfants aiment bien faire de l'escalade sur les **rochers.***

un **roi,** une **reine**

Un **roi** et une **reine** sont les chefs d'un pays qu'on appelle un « royaume » : *dans les contes, les **rois** et les **reines** portent une couronne.*

un **rond**

Un **rond** a la forme d'un cercle, comme une roue : *pour écrire la lettre « ⟲ », on dessine d'abord un **rond.***
➤ On se met en rond pour faire la ronde.

rond, ronde

Ce qui est **rond** a la forme d'une roue ou d'une boule : *un ballon de football est **rond** ; les pièces de monnaie et les billes sont **rondes.***

ronger

Ronger, c'est mordre avec ses dents en prenant de tout petits morceaux : *le lapin **ronge** une carotte.*

une **rose**

Une **rose,** c'est une fleur qui a de belles couleurs et des épines : *les **roses** sentent souvent très bon.*
➤ Les roses poussent sur les rosiers.

une **roue**

Une **roue,** c'est un objet rond qui tourne. Il permet aux véhicules de rouler : *les voitures ont quatre roues ; les vélos ont deux roues.*

➤ Une petite roue est une roulette.

rouler

1. Rouler, c'est avancer en tournant sur soi-même : *la balle de Julie roule sur le sol.*

2. Rouler, c'est avancer sur des roues : *les voitures, les vélos, les trains roulent.*

une **route**

Une **route** est un chemin recouvert de goudron qui permet aux véhicules d'aller d'une ville ou d'un village à l'autre : *les voitures, les camions, les motos circulent sur les routes.*

un **ruban**

Un **ruban** est une bande de tissu ou de papier coloré : *il y a un ruban jaune autour de la poule en chocolat.*

une **rue**

Une **rue** est un chemin recouvert de goudron qui permet aux piétons et aux voitures d'aller et venir, dans un village ou dans une ville. De chaque côté, il y a des maisons ou des immeubles : *il faut être très prudent quand on traverse la rue.*

➤ Une rue étroite est une ruelle.

un **ruisseau**

Un **ruisseau** est une toute petite rivière : *Théo joue dans le ruisseau.*

suivre

des **stylos**

une **semelle**

une **sauterelle**

une **salade**

un **singe**

un **sapin**

du **savon**

secouer

souffler

le **sable**

Le **sable** est fait de grains très fins, qui sont de minuscules morceaux de pierre ou de coquillages : *Étienne trace des lignes sur le **sable** avec son râteau.*

un **sac**

Un **sac** est un objet qui s'ouvre par le haut et qui sert à transporter des choses : *il y a des **sacs** en papier, en tissu, en plastique ou en cuir.*
➤ Un petit sac est un sachet.

sage

1. Être **sage**, c'est être calme et obéissant : *Léo est un enfant **sage**.*
≠ Le contraire de sage, c'est désobéissant.
2. On dit : « il est **sage** comme une image » quand quelqu'un est très sage.

saigner

Saigner, c'est avoir du sang qui coule d'une partie du corps : *Alexandra s'est coupée au doigt, elle **saigne**.*

une **saison**

Une **saison,** c'est une partie de l'année qui dure trois mois : *les quatre **saisons** de l'année sont le printemps, l'été, l'automne, l'hiver.*
Va voir « le calendrier », page 274.

une **salade**

Une **salade** est une plante. On mange ses feuilles crues avec de la vinaigrette : *la laitue est une **salade**.*
➤ On sert la salade dans un saladier.

sale

Ce qui est **sale** est couvert de saleté, de taches ou de poussière : *Benjamin a joué dehors, il est tout **sale.***

= On dit aussi dégoûtant.

≠ Le contraire de sale, c'est propre.

➤ Rendre sale, c'est salir.

la **salive**

La **salive** est le liquide qu'on a dans la bouche : *la **salive** aide à digérer les aliments.*

le **sang**

Le **sang** est un liquide rouge qui circule à l'intérieur du corps, dans les veines : *quand on se coupe, le **sang** coule.*

➤ Perdre du sang, c'est saigner.

un **sapin**

Un **sapin** est un arbre qui reste vert toute l'année : *les **sapins** ont des feuilles pointues et dures ; ce sont les aiguilles.*

*Mon beau **sapin**
Roi des forêts
Que j'aime ta verdure !*

une **sardine**

Une **sardine** est un petit poisson qui vit en groupe dans la mer : *on pêche les **sardines** dans des filets.*

sauter

Sauter, c'est s'élever un instant au-dessus du sol et retomber sur ses pieds ou sur ses pattes : *le cheval **saute** par-dessus la haie.*

➤ Sauter, c'est faire un saut.

a
b
c
d
e
f
g
h
i
j
k
l
m
n
o
p
q
r
s
t
u
v
w
x
y
z

une **sauterelle**

Une **sauterelle** est un insecte vert ou jaune qui a de longues antennes. Elle se déplace en sautant sur ses pattes de derrière : *on a du mal à voir les **sauterelles** dans l'herbe.*

➤ Les sauterelles font des sauts.

*Saute, saute, **sauterelle**,*
à travers tout le quartier.
Sautez donc, mademoiselle,
puisque c'est votre métier.

sauvage

1. Un animal **sauvage** vit en liberté dans la nature : *le sanglier est un animal **sauvage**.*

≠ Le contraire de sauvage, c'est familier ou domestique.

2. Une plante **sauvage** pousse toute seule dans la nature, elle n'est pas cultivée : *les boutons-d'or sont des fleurs **sauvages**.*

sauver

1. Sauver, c'est faire échapper à un grave danger : *mon oncle **a sauvé** un enfant qui allait se noyer.*

2. Se sauver, c'est partir vite : *la porte était ouverte, le chat **s'est sauvé**!*

= On dit aussi s'enfuir.

la **savane**

La **savane**, c'est une très grande prairie des pays chauds, où poussent de hautes herbes et quelques arbres : *en Afrique, de nombreux animaux vivent dans la **savane**.*

savoir

1. Savoir, c'est avoir appris quelque chose et s'en souvenir : *Benjamin **sait** sa poésie par cœur.*

2. Savoir, c'est être au courant : *je **sais** qu'on va bientôt déménager.*

3. Savoir, c'est être capable de faire quelque chose : *je **sais** nager.*

un **savon**

Un **savon** est un produit qui sert à laver. Il fait de la mousse quand on le mouille : *Fanny frotte ses mains avec du savon.*

➤ Un petit savon est une savonnette.

sec, sèche

Ce qui est **sec** ne contient pas d'eau : *mon tee-shirt est sec. La terre est sèche car il ne pleut pas.*

≠ Le contraire de sec, c'est mouillé.

➤ Rendre ou devenir sec, c'est sécher.

une **seconde**

Les **secondes** servent à mesurer un temps très court. Il y a soixante secondes dans une minute : *le sportif a couru le 100 mètres en dix secondes.*

un **seau**

Un **seau** est un récipient en plastique ou en métal qu'on tient à la main par une anse. Il sert à transporter des liquides, du sable ou d'autres choses : *Julien apporte un seau d'eau pour laver la voiture.*

secouer

Secouer, c'est faire bouger, c'est remuer dans tous les sens : *Lola secoue sa serviette pour enlever le sable.*

= On dit aussi agiter.

a
b
c
d
e
f
g
h
i
j
k
l
m
n
o
p
q
r
s
t
u
v
w
x
y
z

secours

1. Porter secours, c'est venir aider une personne en danger : *les sauveteurs **portent secours** au nageur.*

➤ Porter secours, c'est secourir.

2. Appeler **au secours,** c'est crier pour qu'on vienne nous aider parce qu'on est en danger : *le nageur imprudent appelle **au secours**.*

un **secret**

Un **secret,** c'est une chose qu'on sait et qu'on ne doit pas répéter : *Antoine dit un **secret** à Valentine.*

le **sel**

Le **sel,** c'est des petits grains blancs au goût un peu piquant qu'on met sur certains aliments : *on met du **sel** sur les frites.*

➤ Mettre du sel sur un aliment, c'est le saler.

une **semaine**

Une **semaine,** c'est sept jours, du lundi au dimanche : *il y a 52 **semaines** dans une année.*

Va voir « le calendrier », page 274.

semblant

Faire semblant, c'est faire comme si : *Amélie **fait semblant** de dormir.*

une **semelle**

La **semelle,** c'est le dessous d'une chaussure : *les **semelles** des bottes de Maxime sont usées.*

semer

Semer, c'est mettre des graines dans la terre pour qu'elles donnent des plantes : *papa **sème** des graines pour faire pousser du gazon.*

le **sens**

1. Le **sens,** c'est le côté vers où l'on va : *dans la cour de l'école, les enfants courent dans tous les **sens**.*
= On dit aussi une direction.

2. Le **sens** d'un mot, c'est ce que ce mot veut dire : *on cherche le **sens** d'un mot qu'on ne connaît pas dans le dictionnaire.*

sentir

1. Sentir, c'est respirer une odeur avec son nez : *maman a fait un gâteau, on **sent** l'odeur du chocolat.*

2. Sentir bon, c'est avoir une bonne odeur : *le muguet **sent bon**.*
≠ Le contraire de sentir bon, c'est sentir mauvais.

séparer

1. Séparer, c'est mettre loin l'une de l'autre des choses ou des personnes qui étaient ensemble : *la maîtresse **a séparé** Zoé et Axel parce qu'ils n'arrêtaient pas de parler.*
≠ Le contraire de séparer, c'est réunir ou rapprocher.

2. Se séparer, c'est arrêter de vivre ensemble : *les parents de Sébastien ne s'entendent plus, ils ont décidé de **se séparer**.*
= On dit aussi se quitter.

un **serpent**

Un **serpent** est un animal sans pattes qui a un long corps couvert d'écailles. C'est un reptile qui se déplace en rampant : *la couleuvre, la vipère et le boa sont des **serpents**.*

serrer

Serrer, c'est tenir fort : *Clara **serre** son doudou contre elle.*

≠ Le contraire de serrer, c'est lâcher.

servir

1. Servir, c'est remplir l'assiette ou le verre de quelqu'un : *mamie **sert** du poulet rôti à Jérémie.*

2. Servir à quelque chose, c'est être utile à quelque chose : *les ciseaux **servent** à découper.*

3. Se servir d'une chose ou d'un objet, c'est l'utiliser : *pour manger, on **se sert** d'une fourchette et d'un couteau.*

seul, seule

1. Un **seul,** c'est un et pas plus : *j'ai deux sœurs, mais un **seul** frère.*

2. Être **seul,** c'est être sans personne avec soi : *mon chien reste parfois **seul** dans la journée.*

3. Faire quelque chose **seul,** c'est le faire sans l'aide de personne : *ma petite sœur mange toute **seule**.*

sévère

Être **sévère,** c'est se fâcher et punir facilement : *notre voisine est **sévère**, elle gronde ses enfants dès qu'ils font une bêtise !*

≠ Le contraire de sévère, c'est indulgent.

le **sexe**

Le **sexe,** c'est ce qui fait la différence entre un garçon et une fille, un homme et une femme, un mâle et une femelle : *papa est du **sexe** masculin ; maman est du **sexe** féminin.*

un **shampooing**

Un **shampooing**, c'est un savon liquide qu'on utilise pour se laver les cheveux : *mon shampooing mousse beaucoup.*

une **sieste**

Faire la **sieste**, c'est se reposer et dormir un peu après le déjeuner : *papi fait la sieste dans l'herbe.*

siffler

Siffler, c'est faire des sons en soufflant entre ses lèvres : *Julien siffle pour faire venir son chien.*

signer

Signer, c'est écrire son nom au bas d'une lettre : *Nicolas signe la lettre pour sa grand-mère.*

➤ Signer, c'est mettre sa signature.

le **silence**

1. Le **silence**, c'est quand il n'y a pas de bruit : *la nuit, quand tout le monde dort, c'est le silence.*

≠ Le contraire du silence, c'est le bruit.

2. Le **silence,** c'est quand personne ne parle : *les enfants écoutent la maîtresse en silence.*

➤ Quand on garde le silence, on est silencieux.

simple

Une chose est **simple** quand elle ne demande pas beaucoup d'efforts : *la règle du jeu de l'oie est très simple à comprendre.*

= On dit aussi facile.

≠ Le contraire de simple, c'est compliqué.

a b c d e f g h i j k l m n o p q r s t u v w x y z

un **singe**

Un **singe** est un animal sauvage qui vit dans les pays chauds : *le singe a des mains et des pieds terminés par des doigts ; il peut se tenir debout, comme une personne.*
➤ La femelle du singe est la guenon.

un **sirop**

1. Le **sirop** est un médicament liquide et très sucré : *on prend du sirop pour arrêter de tousser.*
2. Un **sirop** est un jus épais et sucré fait avec des fruits : *on mélange le sirop à de l'eau.*

un **ski**

Un **ski** est une sorte de planche qu'on fixe sous chaque pied pour glisser sur la neige ou sur l'eau : *Laure apprend à faire du ski.*
➤ Une personne qui fait du ski est un skieur ou une skieuse.

une **sœur**

Une **sœur** est une fille qui a les mêmes parents qu'un autre enfant : *Chloé est la sœur de Nicolas.*
➤ Nicolas est le frère de Chloé.

la **soif**

Avoir soif, c'est avoir envie de boire : *Manon a soif parce qu'il fait chaud.*

soigner

Soigner, c'est essayer de guérir une personne ou un animal malade ou blessé : *le médecin soigne Lucas qui s'est fait mal en tombant.*

le **soir**

Le **soir,** c'est la partie de la journée qui va de la fin de l'après-midi à la nuit : *nous dînons à sept heures du soir.*
≠ Le contraire du soir, c'est le matin.

le **sol**

1. Le **sol**, c'est la terre : *quand un avion décolle, il quitte le **sol**.*
2. Le **sol**, c'est la surface sur laquelle on marche, dans une pièce : *fais attention, il y a des morceaux de verre sur le **sol** de la cuisine !*

un **soldat**

Un **soldat** est un homme qui fait partie d'une armée. Il est chargé de défendre son pays quand il y a une guerre : *les **soldats** portent un uniforme.*

le **Soleil**

Le **Soleil** est un astre qui brille le jour dans le ciel. Il envoie sa lumière et sa chaleur à la Terre : *la Terre tourne autour du **Soleil**.*

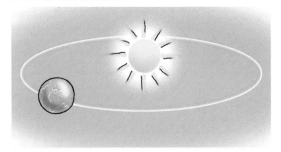

solide

Ce qui est **solide** ne se casse pas facilement et ne s'use pas vite : *heureusement, la branche est **solide** !*
≠ Le contraire de solide, c'est fragile.

le **sommeil**

Avoir sommeil, c'est avoir envie de dormir : *j'**ai sommeil**, je n'arrête pas de bâiller.*

le **sommet**

Le **sommet,** c'est l'endroit le plus haut : *il y a de la neige au **sommet** des montagnes.*

un **son**

Un **son,** c'est ce qu'on entend, c'est le bruit de quelque chose : *les instruments de musique n'ont pas tous le même **son**.*

sonner

1. Sonner, c'est faire entendre un son : *lève-toi, le réveil **sonne** !*

➤ Le bruit d'un objet qui sonne, c'est une sonnerie.

2. Sonner, c'est appuyer sur une sonnette : *le livreur de pizza **sonne** à la porte de la maison.*

une **sonnette**

Une **sonnette,** c'est un bouton spécial qui fait un son quand on appuie dessus : *j'ai entendu un coup de **sonnette** : c'est le livreur de pizza qui arrive !*

une **sorcière**

Une **sorcière** est un personnage féminin, laid et méchant, qui a des pouvoirs magiques.
Il y a souvent des sorcières dans les contes : *la vilaine **sorcière** prépare de la soupe au crapaud.*

sortir

1. Sortir, c'est aller dehors ou quitter un endroit : *Émilien **est sorti** jouer dans le jardin.*

≠ Le contraire de sortir, c'est entrer ou rentrer.

➤ L'endroit par où l'on sort, c'est la sortie.

2. Sortir, c'est enlever quelque chose d'un endroit : *j'**ai sorti** tous mes jouets du coffre.*

≠ Le contraire de sortir, c'est ranger.

souffler

1. Souffler, c'est envoyer de l'air par la bouche : *Romain souffle fort pour éteindre ses bougies.*

2. Quand le vent **souffle,** il y a beaucoup de vent : *on a parfois du mal à marcher quand le vent souffle.*

souhaiter

1. Souhaiter, c'est avoir envie de quelque chose : *mamie souhaite inviter toute la famille pour Noël.*
= On dit aussi désirer.
➤ Ce qu'on souhaite est un souhait.
2. Souhaiter, c'est dire à quelqu'un qu'on espère qu'il aura ce qu'il désire : *je te souhaite de bonnes vacances.*

soulever

Soulever, c'est lever à une petite hauteur : *ma valise est très lourde, j'ai du mal à la soulever.*

souple

1. Ce qui est **souple** se plie facilement sans se casser : *le caoutchouc est souple.*

2. Une personne **souple** plie facilement son corps et peut se mettre sans effort dans de nombreuses positions : *Mathilde est très souple, elle arrive à faire le grand écart.*
≠ Le contraire de souple, c'est raide.

une **souris**

1. Une **souris** est un petit animal gris, parfois blanc, qui a un museau pointu et une longue queue : *les souris vivent dans les champs, mais aussi dans les maisons ou les greniers.*

➤ Le petit de la souris est le souriceau.

2. Une **souris,** c'est une sorte de petite boîte reliée à un ordinateur : *on clique sur la souris pour se déplacer sur l'écran de l'ordinateur.*

sous

Ce qui est **sous** quelque chose
se trouve plus bas que cette chose :
*Filou est couché **sous** la table.*
≠ Le contraire de sous, c'est sur.

le **sous-sol**

Le **sous-sol**, c'est la partie
d'une maison ou d'un immeuble qui
est située sous le rez-de-chaussée :
*la cave se trouve au **sous-sol**.*

se **souvenir**

Se souvenir, c'est avoir gardé dans
sa mémoire : *je **me souviens** très bien
du jour où je suis allé au zoo pour
la première fois.*
= On dit aussi se rappeler.
≠ Le contraire de se souvenir,
c'est oublier.

un **spectacle**

Un **spectacle**, c'est ce qu'on va voir
pour son plaisir au cinéma, au théâtre
ou au cirque : *pour la fête de l'école,
les enfants donnent un **spectacle**.*
➤ Une personne qui regarde
un spectacle est un spectateur
ou une spectatrice.

le **sport**

Le **sport**, c'est un jeu ou une activité
qui fait travailler les muscles :
*le judo et le football sont des **sports**.*
➤ Une personne qui fait du sport
est un sportif ou une sportive.

un **square**

Un **square**, c'est un petit jardin public
où tout le monde peut aller, dans
une ville : *dans un **square**, il y a
souvent un bac à sable et des jeux.*

un **stade**

Un **stade,** c'est un grand terrain de sport où l'on s'entraîne et où se déroulent des matchs et des compétitions : *les coureurs s'entraînent sur le **stade.***

un **stylo**

Un **stylo** est un petit objet long qui contient de l'encre et qui sert à écrire : *il y a des **stylos** à bille et des **stylos** à plume.*

sucer

1. Sucer, c'est faire fondre un aliment dans sa bouche sans le croquer : *Charlotte **suce** un bonbon.*

➤ Un gros bonbon à sucer fixé sur un bâton est une sucette.

2. Sucer son pouce, c'est le mettre dans sa bouche et le téter : *Thomas **suce** encore son pouce !*

le **sucre**

Le **sucre** est une matière blanche au goût très doux qu'on met dans les aliments et les boissons : *Alexis met du **sucre** en poudre sur ses crêpes.*

suivre

1. Suivre, c'est avancer derrière : *le chien **suit** Pierre en courant.*

2. Suivre, c'est venir après : *l'hiver est la saison qui **suit** l'automne.*

3. Se suivre, c'est être placés les uns derrière les autres : *dans une bande dessinée, les images **se suivent**.*

un **supermarché**

Un **supermarché,** c'est un grand magasin où l'on vend toutes sortes de choses et où les clients se servent eux-mêmes : *le samedi, papa et maman vont faire les courses au supermarché.*

une **surprise**

Une **surprise,** c'est un cadeau qu'on ne connaît pas à l'avance ou bien quelque chose qui arrive et qu'on n'attendait pas : *voilà Nassera, quelle bonne surprise !*

sur

Ce qui est **sur** quelque chose est placé au-dessus de cette chose : *il y a un bouquet de fleurs sur la table.*
≠ Le contraire de sur, c'est sous.

surveiller

Surveiller quelqu'un, c'est bien regarder ce qu'il fait pour qu'il ne lui arrive rien ou pour l'empêcher de faire quelque chose de mal : *Anaïs surveille sa petite sœur pendant que sa maman fait les courses.*

surgelé, surgelée

Un aliment **surgelé** est un aliment qu'on garde à une température très basse pour le manger plus tard : *il y a une pizza surgelée dans le congélateur.*

une **syllabe**

Une **syllabe,** c'est une lettre ou un groupe de lettres qu'on prononce d'un seul coup : *le mot « abeille » a deux syllabes : « a » et « beille ».*

tourner

des **tas**

des **taches**

la **taille**

une **tarte**

un **tigre**

un **toboggan**

trouver

des **tulipes**

le **tabac**

Le **tabac,** c'est une plante qui a de grandes feuilles. On les coupe et on les fait sécher pour les fumer : *avec le **tabac,** on fabrique des cigarettes et des cigares.*
➤ On achète le tabac dans un bureau de tabac.

*J'ai du bon **tabac**
Dans ma tabatière,
J'ai du bon **tabac,**
Tu n'en auras pas !*

une **table**

1. Une **table** est un meuble fait d'un plateau posé sur des pieds : *on s'assoit autour d'une **table** pour manger.*
2. Mettre la table, c'est poser sur la table tout ce qu'il faut pour le repas : *Gauthier aide maman à **mettre la table.***

un **tableau**

1. Un **tableau,** c'est une peinture, souvent entourée d'un cadre. On l'accroche au mur : *il y a un **tableau** sur le mur du salon.*

2. Un **tableau,** c'est un grand panneau vert foncé ou noir accroché au mur d'une classe. On écrit dessus avec une craie : *la maîtresse écrit le prénom des élèves au **tableau.***

une **tache**

1. Une **tache** est une trace sale laissée par quelque chose : *Aline a fait des **taches** sur sa robe.*
➤ Un vêtement qui a des taches est taché.
2. Une **tache** est une petite marque de couleur différente sur la peau : *Marie a des **taches** de rousseur sur la figure.*

la **taille**

1. La **taille**, c'est la hauteur d'une personne ou la grandeur d'une chose : *quand je vais chez le médecin, il mesure ma taille.*

2. La **taille**, c'est la partie du corps qui se trouve entre le bas des côtes et les hanches : *Annaelle a mis un joli foulard rouge autour de sa taille.*

se **taire**

Se taire, c'est arrêter de parler : *quand le spectacle commence, tout le monde se tait.*

un **tambour**

Un **tambour** est un instrument de musique qui a la forme d'un cylindre : *on frappe sur le tambour avec deux baguettes pour faire des sons.*
➤ Un petit tambour est un tambourin.

une **tante**

La **tante** d'une personne, c'est la sœur de sa mère ou la sœur de son père : *j'appelle ma tante « tata ».*
➤ Le frère de la mère ou du père d'une personne, c'est l'oncle.

taper

Taper, c'est donner des coups : *on tape sur un clou avec un marteau.*
= On dit aussi frapper.

J'ai vu le loup, le renard et la belette
J'ai vu le loup et le renard danser.
J'les ai vus taper du pied.

tard

1. Tard, c'est à un moment situé vers la fin de la journée : *il est tard, allons nous coucher !*

2. Tard, c'est après l'heure habituelle : *le dimanche, je me lève tard.*
≠ Le contraire de tard, c'est tôt.

a b c d e f g h i j k l m n o p q r s **t** u v w x y z

une **tarte**

Une **tarte** est
un gâteau fait
avec une pâte
recouverte de fruits
ou de légumes et cuite au four : *mamie
a fait une **tarte** aux framboises.*

un **tas**

1. Un **tas,** c'est un ensemble de choses
mises les unes sur les autres, un peu
n'importe comment : *le jardinier a fait
des **tas** avec les feuilles mortes.*

2. Un **tas,** c'est une grande quantité,
un grand nombre : *Louise a des **tas**
de jouets.*

une **tasse**

Une **tasse** est un récipient
qui sert à boire.
Elle est plus petite
qu'un bol et elle a
une petite anse :
*on boit le café et le thé dans une **tasse**.*

un **taureau**

Un **taureau** est un gros animal avec
des cornes. On l'élève à la ferme :
*un **taureau** peut être méchant,
il faut s'en méfier.*
➤ La femelle du taureau est la vache.
Le petit est le veau.

un **téléphone**

Un **téléphone** est un appareil
qui permet de parler avec
une personne qui n'est pas au même
endroit que nous : *maman est
au **téléphone** avec une amie.*
➤ Parler à quelqu'un au téléphone,
c'est téléphoner.

la **température**

1. La **température,** c'est la mesure
de la chaleur ou du froid qu'il fait
dans un endroit : *quand il fait froid,
la **température** est basse ; quand
il fait chaud, elle est haute.*
2. La **température,** c'est la mesure
de la chaleur du corps : *on prend
sa **température** avec un thermomètre.*

le **temps**

1. Le **temps** qui passe se mesure en heures, en minutes, en secondes : *les montres et les horloges mesurent le temps qui passe.*

2. Le **temps** qu'il fait, c'est la couleur du ciel et la chaleur de l'air : *il pleut ! Quel mauvais temps !*

tendre

1. Tendre, c'est tirer sur une chose pour la rendre droite ou pour l'allonger : *papa a tendu une corde entre deux arbres pour suspendre le linge.*

2. Tendre, c'est allonger au maximum ou avancer une partie du corps : *Aziz tend le bras avant de tourner.*

tendre

1. Une personne **tendre** est douce et elle aime les câlins : *Raphaël est un petit garçon très tendre.*

= On dit aussi affectueux.

2. Une viande **tendre** est facile à couper et à mâcher : *j'aime le bifteck quand il est bien tendre.*

≠ Le contraire de tendre, c'est dur.

tenir

1. Tenir, c'est garder dans sa main ou dans ses bras sans faire tomber : *Mathis tient bien son biberon.*

≠ Le contraire de tenir, c'est lâcher.

2. Tenir, c'est rester attaché ou fixé : *le miroir tient par un crochet.*

3. Se tenir, c'est rester dans une position : *tiens-toi droit quand tu manges !*

une **tente**

Une **tente,** c'est une sorte de petite maison en toile imperméable. On l'installe dehors pour camper : *Carole aide son frère à monter la tente sur le terrain de camping.*

un **terrain**

Un **terrain,** c'est une grande étendue de terre : *nous jouons au ballon sur le terrain de sport.*

la **Terre**

1. La **Terre,** c'est la planète où nous vivons. Elle est ronde : *la Terre tourne autour du Soleil.*

2. La **terre,** c'est la matière dont est fait le sol : *on cultive la terre pour faire pousser des plantes.*

3. Par **terre,** c'est sur le sol : *Fanny s'est assise par terre pour jouer.*

un **thermomètre**

Un **thermomètre** est un instrument qui sert à mesurer la température : *certains thermomètres mesurent la température de l'air et d'autres celle du corps.*

tiède

Quand quelque chose est **tiède,** sa température est entre le froid et le chaud : *l'eau de la piscine est tiède, c'est parfait pour nager !*

une **tige**

La **tige** d'une plante, c'est la partie longue et fine qui porte les fleurs et les feuilles : *mamie coupe la tige des roses avec un sécateur.*

un **tigre**

Un **tigre** est un animal sauvage qui vit dans la jungle, en Asie. Son pelage est jaune-roux rayé de noir : *le tigre avance sans bruit pour chasser.*

➤ La femelle du tigre est la tigresse.

un **timbre**

Un **timbre** est un tout petit rectangle de papier illustré qu'on colle sur une enveloppe ou sur un colis avant de les envoyer.
Il sert à payer le transport du courrier : *il y a de jolis timbres sur ces lettres.*

timide

Être **timide**, c'est ne pas oser parler aux autres : *Éva est timide, elle rougit quand on lui pose une question.*

une **tirelire**

Une **tirelire**, c'est un objet avec une ouverture étroite où l'on glisse l'argent qu'on ne veut pas dépenser tout de suite : *Anaïs a vidé sa tirelire pour faire un cadeau à sa maman.*

tirer

1. Tirer, c'est faire venir vers soi : *pour ouvrir un tiroir, il faut le **tirer.***
≠ Le contraire de tirer, c'est pousser.
2. Tirer, c'est traîner derrière soi : *la voiture **tire** la caravane.*
3. Tirer, c'est envoyer des balles avec un pistolet ou un fusil : *le chasseur **a tiré** sur un canard.*

un **tissu**

Un **tissu** est fabriqué avec un grand nombre de fils croisés les uns avec les autres : *les vêtements sont en **tissu.***

un **toboggan**

Un **toboggan,** c'est une sorte de piste en pente. On s'assoit en haut et on se laisse glisser dessus pour jouer : *les enfants font du **toboggan.***

a b c d e f g h i j k l m n o p q r s t u v w x y z

la **toilette**

Faire sa toilette, c'est se laver : *va vite faire ta toilette, tu vas être en retard !*

un **toit**

Le **toit,** c'est le dessus d'une maison. Il la recouvre et la protège : *les toits de ces maisons sont faits de tuiles rouges.*

une **tomate**

Une **tomate** est un fruit rond et rouge. On la mange crue ou cuite comme un légume : *les tomates poussent sur une plante qu'on peut cultiver dans un jardin.*

tomber

1. Tomber, c'est être entraîné vers le sol : *Paul est tombé de son vélo.*

2. Tomber, c'est descendre vers le sol : *les feuilles tombent en automne.*
3. Tomber malade, c'est devenir malade tout à coup : *Antonin est tombé malade pendant les vacances.*

le **tonnerre**

Le **tonnerre,** c'est le bruit qu'on entend pendant un orage : *on entend des coups de tonnerre, un orage va éclater.*

une **tortue**

Une **tortue** est un animal qui a le corps protégé par une carapace dure, quatre pattes courtes et une petite queue : *certaines tortues vivent sur la terre, d'autres vivent dans l'eau.*

tôt

1. Tôt, c'est à un moment situé vers le début de la journée : *grand-père se lève tôt, il est debout à six heures !*

2. Tôt, c'est avant l'heure habituelle : *hier soir, je me suis couché très tôt.*

= On dit aussi de bonne heure.

≠ Le contraire de tôt, c'est tard.

toucher

1. Toucher, c'est mettre les doigts ou la main sur quelqu'un ou bien sur quelque chose : *maman touche mon front pour voir si j'ai de la fièvre.*

2. Se toucher, c'est être juste à côté l'un de l'autre : *notre maison et celle des voisins se touchent.*

une **tour**

1. Une **tour** est une construction en pierre, haute et étroite : *les châteaux forts ont des tours rondes ou carrées.*

2. Une **tour,** c'est un immeuble très haut avec de nombreux étages : *j'habite dans une tour de 20 étages.*

un **tour**

1. Un **tour,** c'est un mouvement en rond sur soi-même : *la toupie fait des tours sur elle-même.*

2. Faire le **tour** d'un endroit, c'est tourner autour en revenant à son point de départ : *nous avons fait le tour du lac à pied.*

3. Un **tour,** c'est une petite promenade : *je suis allée faire un tour dans le parc.*

4. Chacun à son **tour,** c'est l'un après l'autre : *quand on fait du toboggan, on passe chacun à son tour.*

tourner

1. Tourner, c'est se déplacer en rond : *le vent fait tourner mon moulin à vent.*

2. Tourner, c'est changer de direction : *la route tourne à droite.*

➤ L'endroit où une route tourne s'appelle un tournant.

tousser

Tousser, c'est rejeter de l'air par la bouche avec un bruit qui vient de la gorge : *on tousse quand on a la grippe.*

➤ La toux est le bruit qu'on fait quand on tousse.

un train

1. Un **train,** c'est une suite de wagons tirés par une locomotive. Il sert à transporter des personnes ou des marchandises : *nous avons pris le train pour aller à la montagne.*

2. Être **en train de** faire quelque chose, c'est être occupé à faire cette chose : *je suis en train de dessiner.*

un trait

Un **trait,** c'est une petite ligne : *pour tirer des traits bien droits, je prends une règle.*

un trajet

Un **trajet,** c'est le chemin qu'on doit faire pour aller d'un endroit à un autre : *Théa dessine le trajet pour aller de chez elle à la piscine.*

tranquille

1. Être **tranquille,** c'est ne pas s'agiter et ne pas faire de bruit : *« Restez tranquilles ! » dit la maîtresse.*
= On dit aussi calme.

2. Un endroit **tranquille** est un endroit où il n'y a pas de bruit : *j'aime bien lire dans un endroit tranquille.*

3. Laisser quelqu'un **tranquille,** c'est ne pas l'ennuyer : *laisse-moi tranquille, j'apprends mes leçons !*

transformer

Transformer, c'est rendre différent, c'est donner une autre forme : *la fée a transformé la citrouille en carrosse.*

= On dit aussi changer.

transporter

Transporter, c'est porter ou faire aller d'un endroit à un autre : *un gros avion peut transporter 400 voyageurs.*

un travail

1. Un **travail,** c'est ce qu'on fait pour gagner de l'argent : *papa est pilote d'avion, c'est son travail.*

= On dit aussi un métier.

➤ Avoir un travail, c'est travailler.

2. Un **travail,** c'est ce qu'on a à faire : *ma grande sœur a du travail : elle fait ses devoirs.*

3. Faire des **travaux,** c'est faire des réparations : *les ouvriers font des travaux dans l'immeuble.*

traverser

1. Traverser, c'est passer d'un côté à l'autre : *on peut traverser la rue quand le feu est rouge.*

2. Traverser, c'est passer à travers : *on raconte que les fantômes peuvent traverser les murs.*

tremper

1. Tremper, c'est mettre dans l'eau ou dans un autre liquide : *j'aime bien tremper ma tartine dans mon chocolat.*

2. Être trempé, c'est être tout mouillé : *Julien a arrosé Sarah, elle est toute trempée !*

un **trésor**

Un **trésor**, c'est de l'argent et des objets précieux qui ont été cachés : *on a trouvé le* **trésor** *du pirate : un coffre rempli de pièces d'or et de bijoux.*

un **triangle**

Un **triangle** est une forme qui a trois côtés : *Romain a dessiné des* **triangles** *sur son cahier.*

tricher

Tricher, c'est ne pas respecter la règle d'un jeu pour essayer de gagner : *tu n'as pas le droit de regarder mes cartes, tu* **triches** *!*
➤ Une personne qui triche est un tricheur ou une tricheuse.

triste

Être **triste,** c'est avoir du chagrin, c'est avoir envie de pleurer : *Alexis est* **triste** *parce qu'il doit changer d'école.*
= On dit aussi malheureux.
≠ Le contraire de triste, c'est gai.
➤ La tristesse, c'est ce qu'on ressent quand on est triste.

se **tromper**

Se tromper, c'est faire une erreur : *Lucas* **s'est trompé,** *il a pris la veste de son petit frère.*

une **trompette**

Une **trompette** est un instrument de musique en métal : *on souffle dans la* **trompette** *pour faire des sons.*
➤ Une personne qui joue de la trompette est un ou une trompettiste.

un **tronc**

1. Le **tronc** d'un arbre, c'est la partie qui va des racines jusqu'aux branches. Il est couvert d'écorce : *le bûcheron coupe les **troncs** d'arbre.*

2. Le **tronc**, c'est la partie du corps qui va du cou au bas du ventre : *mon ours en peluche n'a plus de tête ni de bras ni de jambes, il ne reste que le **tronc.***

une **trottinette**

Une **trottinette** est faite d'une partie plate et allongée, montée sur deux roues, et d'un guidon : *Loan fait de la **trottinette.***

un **trou**

1. Un **trou**, c'est un endroit creux dans le sol : *le jardinier creuse un **trou** pour planter un arbre.*

2. Un **trou**, c'est une partie déchirée dans du tissu ou dans du papier : *Jimmy a un **trou** à sa chaussette.*
➤ Un vêtement qui a un trou est troué.

un **troupeau**

Un **troupeau**, c'est un groupe d'animaux de la même espèce qui vivent ensemble : *il y a un **troupeau** de vaches dans le pré.*

a b c d e f g h i j k l m n o p q r s **t** u v w x y z

trouver

1. Trouver, c'est découvrir par hasard ou en cherchant : *ça y est, Pierre a trouvé sa chaussette sous le lit !*
≠ Le contraire de trouver, c'est perdre.

2. Trouver, c'est penser : *je trouve que mon dessin est très réussi.*
3. Se trouver, c'est être à un endroit : *la piscine se trouve près de l'école.*

un **tube**

Un **tube,** c'est un objet long et souple, fermé par un bouchon. Il contient un produit : *il faut appuyer sur le tube pour faire sortir le dentifrice.*

tuer

Tuer, c'est faire mourir : *le chat a tué une souris.*

une **tulipe**

Une **tulipe,** c'est une fleur qui a une longue tige et des couleurs vives : *les tulipes poussent au printemps.*

un **tunnel**

Un **tunnel** est un passage creusé sous la terre ou dans la montagne pour faire passer une route ou des rails : *les voitures passent dans le tunnel.*

un **tuyau**

Un **tuyau** est un long tube qui sert à faire passer de l'eau ou du gaz : *le tuyau d'arrosage est resté ouvert.*

un **uniforme**

Un **uniforme** est un vêtement particulier que certaines personnes portent pour travailler :
*dans un avion, les hôtesses de l'air et les stewards portent un **uniforme**.*

une **usine**

Une **usine,** c'est un bâtiment où l'on fabrique toutes sortes de choses à l'aide de machines et de robots :
*les voitures sont fabriquées dans des **usines**.*

urgent, urgente

Ce qui est **urgent** ne peut pas attendre : *maman a une course **urgente** à faire.*

utile

Ce qui est **utile** sert à quelque chose :
*un parapluie est **utile** quand il pleut.*
≠ Le contraire d'utile, c'est inutile.

usé, usée

Une chose **usée** est abîmée parce qu'elle a beaucoup servi :
*mon pull est **usé** aux coudes.*

utiliser

Utiliser, c'est se servir de quelque chose :
*on peut **utiliser** une calculatrice pour faire des opérations difficiles.*

les **vacances**

Les **vacances,** ce sont les jours où l'on ne travaille pas et où l'on ne va pas à l'école : *je passe mes **vacances** chez mes cousins.*

une **vache**

Une **vache** est un gros animal de la ferme : *on élève la **vache** pour son lait et sa viande.*
➤ Le mâle de la vache est le taureau. Le petit est le veau.

une **vague**

Une **vague,** c'est l'eau de la mer ou d'un lac agitée par le vent : *on fait du surf sur les **vagues**.*

la **vaisselle**

La **vaisselle,** ce sont les objets qui servent à manger et à préparer les repas : *il y a beaucoup de **vaisselle** à laver dans l'évier.*

une **valise**

Une **valise,** c'est un bagage rectangulaire avec un couvercle. On la tient par une poignée. Elle sert à mettre les vêtements qu'on emporte en voyage : *Margaux emporte une petite **valise** pour les vacances.*

a
b
c
d
e
f
g
h
i
j
k
l
m
n
o
p
q
r
s
t
u
v
w
x
y
z

un **veau**

Un **veau** est une jeune vache : *le veau tète sa mère.*

➤ La mère du veau est la vache, son père est le taureau.

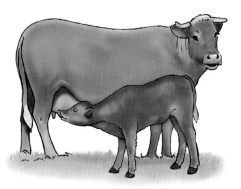

vendre

Vendre, c'est donner quelque chose en échange d'une somme d'argent : *le poissonnier **vend** du poisson.*

≠ Le contraire de vendre, c'est acheter.

➤ Une personne qui vend est un vendeur ou une vendeuse.

venir

1. Venir, c'est aller dans un endroit : *mon copain Tom doit **venir** chez nous pour le week-end.*

2. Venir, c'est arriver d'un endroit : *l'avion qui atterrit **vient** de Londres.*

3. Venir de faire quelque chose, c'est l'avoir fait très peu de temps avant : *tu arrives trop tard, Léo **vient** de partir !*

le **vent**

Le **vent,** c'est de l'air qui bouge : *le **vent** souffle très fort aujourd'hui, il soulève ma jupe.*

*V'là le bon **vent**, v'là le joli **vent**,*
*V'là le bon **vent**, ma mie m'appelle*
*V'là le bon **vent**, v'là le joli **vent**,*
*V'là le bon **vent**, ma mie m'attend...*

un **ver de terre**

Un **ver de terre** est un petit animal sans pattes qui a un corps long, fin et mou. Il vit dans la terre : *les **vers de terre** rampent pour avancer.*

la **vérité**

La **vérité,** c'est ce qui est vrai, c'est ce qui s'est réellement passé : *As-tu pris le jouet de ton frère ? Dis-moi la **vérité,** ne mens pas !*
≠ Le contraire de la vérité, c'est le mensonge.

un **verre**

1. Le **verre** est une matière dure et transparente. Il se casse facilement : *les vitres des fenêtres sont en **verre.***
2. Un **verre** est un récipient en verre qui sert à boire : *il y a des **verres** à eau et des **verres** à vin.*

verser

Verser, c'est faire couler un liquide dans un récipient : *maman **verse** de l'huile dans le saladier.*

un **vêtement**

Un **vêtement,** c'est ce qu'on met pour couvrir son corps et le protéger du froid, du soleil ou de la pluie : *en hiver, on porte des **vêtements** chauds.*
= On dit aussi un habit.
Va voir « les vêtements », page 273.

un **vétérinaire,** une **vétérinaire**

Un **vétérinaire** et une **vétérinaire** sont des médecins qui soignent les animaux : *mon chien s'est cassé la patte, le **vétérinaire** lui met un bandage.*

la **viande**

La **viande,** c'est la chair, c'est-à-dire les muscles du corps des animaux qu'on mange : *on achète la **viande** chez le boucher.*

a b c d e f g h i j k l m n o p q r s t u **v** w x y z

vide

Ce qui est **vide**
ne contient rien.
Il n'y a rien
à l'intérieur :
*on a mangé
tous les bonbons,
la boîte est **vide**.*
≠ Le contraire
de vide, c'est plein.

vider

Vider, c'est rendre vide : *les ouvriers
vident le camion.*
≠ Le contraire de vider, c'est remplir.

la **vie**

La **vie,** c'est le temps qui passe entre
le moment où l'on naît et le moment
où l'on meurt : *grand-père a passé
toute sa **vie** à la campagne.*

vieux, vieille

1. Être **vieux,** être **vieille,** c'est avoir
un grand nombre d'années :
*notre voisin est **vieux,** il a 90 ans.*
≠ Le contraire de vieux, c'est jeune.
➤ Devenir vieux, c'est vieillir.
Le moment de la vie où l'on est vieux,
c'est la vieillesse.
2. Ce qui est **vieux** existe depuis
longtemps ou a beaucoup servi :
*papa a mis des **vieux** vêtements pour
faire du bricolage.*
≠ Le contraire de vieux, c'est neuf
ou nouveau.

un **village**

Un **village,** c'est un groupe de maisons
à la campagne. Un village est plus
petit qu'une ville : *mes grands-parents
habitent un petit **village** perché sur
une colline.*

une **ville**

Une **ville,** c'est un endroit où il y a un grand nombre de rues, de maisons, d'immeubles, de magasins. Elle est plus grande qu'un village : *il y a beaucoup de voitures dans une ville.*

le **vin**

Le **vin,** c'est une boisson qui est faite avec du jus de raisin et qui contient de l'alcool : *il existe du vin rouge, du vin blanc et du vin rosé.*

un **violon**

Un **violon** est un instrument de musique en bois qui a quatre cordes : *on frotte les cordes du violon avec un archet pour faire des sons.*
➤ Une personne qui joue du violon est un ou une violoniste.

un **virage**

Un **virage,** c'est l'endroit où la route tourne : *en voiture, il ne faut pas aller trop vite dans les virages.*
= On dit aussi un tournant.

une **vis**

Une **vis** est une pointe en métal. Elle sert à assembler ou à fixer des planches : *on enfonce des vis en tournant avec un tournevis.*
➤ Enfoncer une vis dans quelque chose, c'est visser.

le **visage**

Le **visage** est le devant de la tête. Il va du front au menton : *le nez est au milieu du visage.*
= On dit aussi la figure.

a b c d e f g h i j k l m n o p q r s t u v w x y z

visiter

Visiter un endroit, c'est aller dans un endroit pour regarder tout ce qu'il y a d'intéressant à voir : *la maîtresse nous a emmenés visiter un château.*

vite

Vite, c'est en peu de temps : *Nicolas s'est habillé vite.*
= On dit aussi rapidement.
≠ Le contraire de vite, c'est lentement.

une **vitrine**

Une **vitrine,** c'est la partie d'un magasin qui est juste derrière la vitre. Elle sert à montrer les marchandises à vendre : *à Noël, les vitrines sont toutes décorées.*

vivant, vivante

Être **vivant,** c'est respirer et avoir le cœur qui bat : *l'oiseau est blessé, mais il est encore vivant.*
≠ Le contraire de vivant, c'est mort.

vivre

1. Vivre, c'est être vivant, être en vie : *le cœur de l'oiseau bat, il vit encore !*
2. Vivre, c'est passer sa vie dans un endroit : *je vis en banlieue.*

un **voilier**

Un **voilier,** c'est un bateau à voiles : *le vent fait avancer le voilier en soufflant dans les voiles.*

voir

1. On **voit** ce qui nous entoure avec nos yeux : *je vois beaucoup mieux quand je mets mes lunettes.*

2. Aller voir quelqu'un, c'est lui rendre visite, c'est passer un moment avec lui : *je vais voir mes grands-parents chaque semaine.*
3. Faire voir, c'est montrer : *Loïc m'a fait voir ses petites voitures.*

un **voisin,** une **voisine**
Un **voisin** et une **voisine** sont des personnes qui habitent à côté : *papa parle avec notre nouveau voisin.*

une **voiture**
Une **voiture** est un véhicule qui a quatre roues et un moteur : *mes parents ont acheté une voiture.*
= On dit aussi une automobile ou une auto.

la **voix**
La **voix,** c'est l'ensemble des sons qui sortent de la bouche quand on parle ou quand on chante : *grand-mère arrive, j'entends sa voix.*

le **volant**
Le **volant,** c'est un objet en forme de cercle qui sert à diriger un véhicule : *le conducteur tourne le volant pour aller vers la droite ou vers la gauche.*

a
b
c
d
e
f
g
h
i
j
k
l
m
n
o
p
q
r
s
t
u
v
w
x
y
z

un **volcan**

Un **volcan**, c'est une montagne avec un grand trou au sommet, d'où peuvent sortir des matières brûlantes, comme des pierres, de la lave ou des cendres : *la lave s'écoule du volcan.*

voler

1. Voler, c'est se déplacer dans l'air : *les deltaplanes sont des machines qui volent.*

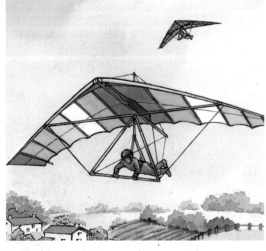

2. Voler, c'est prendre une chose qui appartient à quelqu'un d'autre : *qui m'a volé ma bicyclette ?*
➤ Une personne qui vole une chose est un voleur ou une voleuse.

vouloir

1. Vouloir, c'est avoir envie de quelque chose : *les parents de Charlotte veulent déménager.*
= On dit aussi désirer.
2. Vouloir, c'est être d'accord : *je veux bien te prêter mon livre.*
≠ Le contraire de vouloir, c'est refuser.

un **voyage**

Faire un **voyage,** c'est partir pour un certain temps dans un autre pays ou une autre région : *Victor fait un voyage en Égypte avec ses parents.*
➤ Une personne qui fait un voyage est un voyageur ou une voyageuse.

vrai, vraie

Quelque chose est **vrai** quand c'est la vérité : *ce que je te dis est vrai, je ne mens pas !*
≠ Le contraire de vrai, c'est faux.

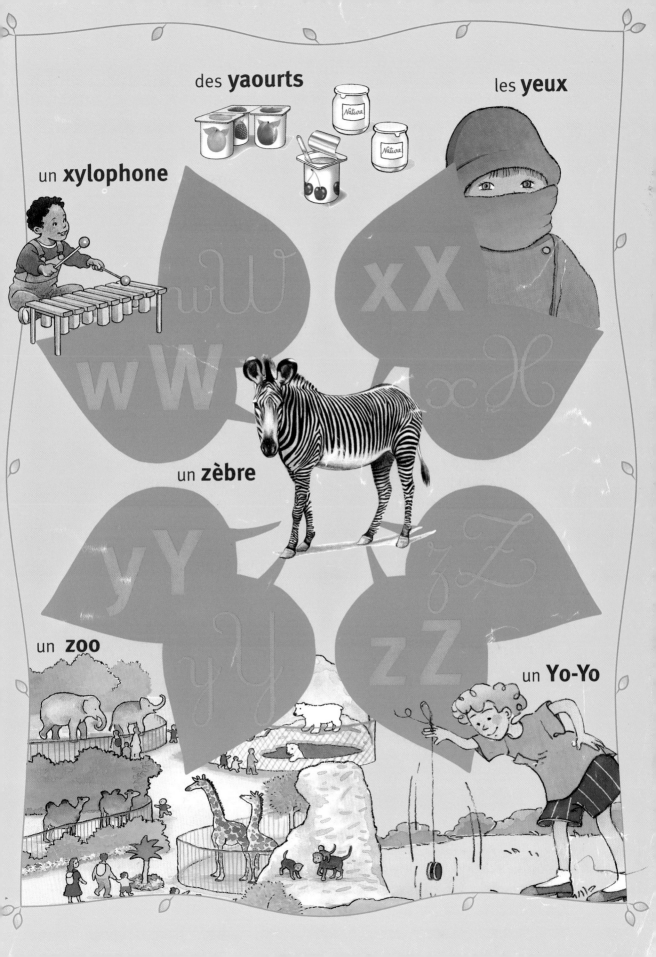

des **yaourts**

les **yeux**

un **xylophone**

un **zèbre**

un **zoo**

un **Yo-Yo**

un **wagon**

Un **wagon,** c'est une partie d'un train.
Il sert à transporter des personnes
ou des marchandises : *les* **wagons**
sont tirés par la locomotive.

un **yaourt**

Un **yaourt,** c'est un aliment fait avec
du lait, comme le fromage blanc
et les petits-suisses. Il y a des yaourts
nature et des yaourts aux fruits :
les **yaourts** *sont vendus dans*
des petits pots.
= On dit aussi un yogourt.

le **week-end**

Le **week-end,** c'est la fin
de la semaine, c'est le samedi
et le dimanche : *pendant le* **week-end,**
on va souvent se promener en forêt.

les **yeux**

Les **yeux** permettent de voir.
Ils se trouvent sous le front,
de chaque côté du nez : *Clara a mis*
son bonnet et son écharpe si bien
qu'on ne voit plus que ses **yeux.**
➤ On dit un œil, mais deux yeux.

un **xylophone**

Un **xylophone**
est un instrument
de musique.
Il est fait
de petites
plaques
en bois
disposées
les unes à côté des autres : *on frappe*
sur les plaques du **xylophone** *avec*
des baguettes pour faire des sons.

Aille ! Ouille !
Ça fait mal !
J'ai les **yeux** *qui mouillent*
Comme une grenouille !

a b c d e f g h i j k l m n o p q r s t u v w x y z

un **Yo-Yo**

Un **Yo-Yo,** c'est un petit jouet qu'on fait monter et descendre le long d'une ficelle : *Angèle joue au **Yo-Yo.***

un **zigzag**

Un **zigzag,** c'est une ligne qui a la forme d'un Z : *les skieurs ont fait des **zigzags** sur la piste.*

➤ Faire des zigzags, c'est zigzaguer.

un **zèbre**

Un **zèbre** est un animal d'Afrique qui vit en troupeaux nombreux.

Il ressemble à un petit cheval et son pelage est blanc rayé de noir : *les **zèbres** courent très vite.*

un **zoo**

Un **zoo,** c'est une sorte de grand jardin où sont gardés des animaux sauvages de tous les pays : *au **zoo,** les animaux adorent regarder les gens !*

zéro

Zéro est un nombre qui sert à écrire d'autres nombres. Il s'écrit **0** : *on écrit 100 avec un 1 et deux **zéros.***

a b c d e f g h i j k l m n o p q r s t u v w x y z

Les dinosaures

l'allosaure

Véritable monstre, l'allosaure pouvait s'attaquer à d'autres énormes dinosaures, comme le stégosaure, qu'on voit sur la page de droite, et les dévorer.

l'amylosaure

La tête et le corps de l'amylosaure étaient recouverts de plaques en os qui le protégeaient. Il frappait ses ennemis avec sa queue terminée par une massue.

l'hadrosaure

Tous les dinosaures poussaient des cris. Mais les plus bruyants étaient les hadrosaures, appelés aussi « dinosaures à bec de canard ».

le diplodocus

Il était aussi grand que trois bus, l'un derrière l'autre. Il se nourrissait d'herbe. Sa queue lui servait de fouet pour faire fuir ceux qui l'attaquaient.

le **ptéranodon**

Il existait des reptiles proches des dinosaures qui pouvaient voler. C'était le cas du ptéranodon. Ses ailes déployées mesuraient plus de 7 mètres de long.

le **stégosaure**

Le stégosaure avait une tête minuscule et un bec d'oiseau. Il se nourrissait d'herbe. Son dos était recouvert d'énormes piquants en os qui le protégeaient.

le **tyrannosaure**

C'était le plus grand et le plus féroce des dinosaures carnivores. Il s'attaquait à d'autres dinosaures qu'il déchiquetait de ses énormes dents pointues et tranchantes.

le **tricératops**

Le tricératops ressemblait un peu au rhinocéros. Il portait trois cornes sur la tête, et une sorte de collerette en os protégeait son cou.

Les animaux de la mer

le **cachalot**

Le cachalot est un énorme animal de la même famille que la baleine. Il vit dans les mers chaudes et peut plonger à plus de 1 000 mètres pour attraper des calamars.

le **dauphin**

Comme le cachalot et la baleine, le dauphin n'est pas un poisson : c'est un mammifère. Il donne naissance à des bébés qu'il nourrit de son lait.

le **crabe**

Tous les crabes ont quatre paires de pattes et une paire de pinces. Certains vivent sur les plages, d'autres restent au fond de la mer.

l'**espadon**

Ce poisson des mers chaudes et tièdes se sert de son « nez » en forme d'épée pour assommer les poissons dont il se nourrit.

l'**étoile de mer**

L'étoile de mer se déplace en bougeant ses cinq bras. Elle peut s'accrocher aux rochers grâce à des petites ventouses situées sous son ventre.

l'**hippocampe**

L'hippocampe est un petit poisson qui a une tête de cheval. Il nage debout et se sert de la petite nageoire qu'il a sur le dos pour avancer.

la **langouste**

La langouste est un crustacé des mers chaudes et tièdes. Elle n'a pas de pinces mais elle a des antennes sur la tête. C'est ainsi qu'on la distingue du homard.

la **méduse**

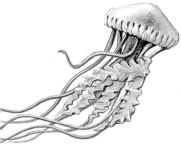

La méduse a des filaments
souvent piquants
qui la protègent
et qui lui servent
à attraper sa nourriture.

la **murène**

C'est un poisson féroce
des mers tièdes.
Elle a des mâchoires armées
de dents coupantes.

le **poisson-globe**

Ce poisson des mers
chaudes n'a pas d'écailles,
mais des piquants
sur le ventre. Il se gonfle
comme un ballon quand
il est attaqué.

la **rascasse**

La rascasse, appelée
aussi « crapaud
de mer », a sur la tête
des épines remplies
de venin.

la **pieuvre**

Elle a huit tentacules
bordées de ventouses.
Quand elle est attaquée,
elle envoie un jet
d'encre noire pour
qu'on ne la voie plus.

la **raie**

La raie est un poisson
au corps aplati
et aux larges nageoires
triangulaires. Elle reste
le plus souvent au fond
de la mer, où elle peut
se cacher dans le sable.

le **requin blanc**

Le requin blanc est un grand
poisson de mer aux dents
pointues. Très agressif,
il s'attaque aux phoques,
aux dauphins, aux requins
plus petits et, parfois,
à l'homme.

la **sardine**

Les sardines nagent
tout près de la surface
de l'eau, en groupes
appelés « bancs ».
Cela leur permet
de mieux se protéger.

259

Les animaux des pays froids

le **castor**

Gros rongeur
des pays du Nord,
le castor construit
des barrages en bois
sur les rivières
pour s'abriter.

le **loup**

Le loup chasse
pour se nourrir mais
il n'est pas plus féroce
qu'un autre animal.
Il ne s'attaque que très
rarement à l'homme.

l'**hermine**

La fourrure
de ce petit animal
est brun-roux en été ;
en hiver, elle devient
plus épaisse et blanche.
Seul le bout de la queue
reste noir.

l'**élan**

L'élan est le plus grand
des animaux de la famille
du cerf. En hiver,
il gratte la neige
avec ses sabots
pour trouver
de quoi se nourrir.

le **manchot**

Le manchot est
un gros oiseau
des mers du pôle Sud.
Il ne peut pas voler
mais il nage très bien
grâce à ses petites ailes
qui lui servent
de nageoires.

le **morse**

Le morse nage bien
mais il a du mal
à se déplacer sur le sol.
Il utilise ses défenses
comme arme et s'appuie
dessus pour monter
sur la banquise.

l'ours brun

Malgré son poids
énorme, l'ours brun
est agile et puissant :
il peut faire des bonds
de plusieurs mètres
pour s'emparer
d'une proie.

l'ours polaire

L'ours polaire,
ou « ours blanc », vit
dans les régions arctiques.
Bon nageur, il chasse
et il mange des phoques
et des poissons.

le phoque

Le phoque peut
rester longtemps
dans l'eau glacée,
sous la banquise. Il fait
des trous dans la glace
pour venir respirer à la surface.

le renard polaire

Le renard polaire supporte
les températures les plus
froides. Il se nourrit
d'oiseaux et de rongeurs.

le renne

Cousin du cerf,
le renne est élevé
pour sa viande,
son lait et son cuir.
Les Lapons
l'utilisent pour tirer
des traîneaux.

le yack

Ce gros animal de la famille
du bœuf vit en Asie centrale.
On l'utilise pour transporter
des choses lourdes
car il se déplace facilement
dans les montagnes.

Les animaux des pays chauds

l'antilope

L'antilope se rencontre surtout en Afrique, dans la savane. Ses pattes hautes et fines lui permettent de courir très vite.

le **boa**

Ce gros serpent sans venin vit en Amérique du Sud. Il tue ses victimes en s'enroulant autour d'elles pour les étouffer dans ses puissants anneaux.

le **dromadaire**

Cet animal du désert ressemble au chameau, mais il n'a qu'une seule bosse. Elle lui sert de réserve de nourriture.

le **chacal**

Le chacal est un animal qui ressemble au renard par sa taille et au loup par sa couleur. Il mange des cadavres d'animaux.

le **crocodile**

Habitant des fleuves, il a d'épaisses écailles et des mâchoires puissantes. Il se nourrit d'animaux, qu'il noie avant de les dévorer.

l'éléphant

Il existe deux espèces d'éléphants : ceux d'Asie et ceux d'Afrique. L'éléphant d'Asie, qu'on voit ici, est plus petit ; ses oreilles et ses défenses sont aussi plus petites.

le **caméléon**

Le caméléon vit dans les arbres, en Afrique et en Asie. Il est vert, mais il peut prendre la couleur de l'endroit où il se trouve pour qu'on ne le voie pas.

la **girafe**

Animal de la savane,
la girafe peut brouter
les bourgeons en haut
des arbres et repérer
les dangers au loin,
grâce à sa haute taille.

le **guépard**

Ce grand fauve vit en Afrique
et en Asie. C'est le plus
rapide des animaux,
mais il ne peut pas courir
sur de grandes distances.

le **gorille**

C'est le plus grand
et le plus fort des singes.
Il vit en Afrique et mange
des fruits et des feuilles.
Il peut se tenir debout,
mais se déplace surtout
à quatre pattes.

l'**hippopotame**

L'énorme hippopotame
vit en Afrique, près des lacs
et des fleuves. Il passe
son temps dans l'eau
et n'en sort que pour aller
brouter de l'herbe.

le **lion**

Le lion vit en groupes
en Afrique ou en Asie.
C'est lui qui garde le territoire
pendant que la lionne
va chercher la nourriture
pour leurs petits.

le **zèbre**

Les zèbres vivent
en Afrique.
Leurs rayures
noires et blanches
se voient de très loin
et ils sont souvent
attaqués par les lions.

Les oiseaux

la **chouette**

La chouette vit dans
les trous des arbres.
Elle ne construit pas
de nid. Elle mange
des souris et des rats.
C'est un rapace
qui chasse la nuit.

le **flamant rose**

Les flamants roses
vivent en groupes
au bord de l'eau.
Ils se tiennent souvent
sur une patte.
Ils font leurs nids
avec de la boue.

l'**albatros**

L'albatros
est le plus grand
des oiseaux
de mer. Il mange
des poissons
et vit dans les îles
des pays chauds.

le **colibri**

On l'appelle aussi
« oiseau-mouche ».
C'est le plus petit
oiseau du monde.
Ses ailes battent si vite
qu'on ne les voit presque plus.
Il vit en Amérique.

le **rouge-gorge**

On rencontre
le rouge-gorge
dans les bois
et les jardins.
On le reconnaît
à son plumage
rouge sur la gorge
et le haut du ventre.

le **quetzal**

Le quetzal
est un oiseau
magnifique
qui vit
au Mexique.
Il mange des fruits
et nourrit ses petits
avec des insectes.

le **vautour**

Le vautour est un rapace
au bec crochu.
Il n'a pas de plumes
sur la tête ni sur le cou.
Il vit surtout dans
les montagnes
et se nourrit
d'animaux morts.

le **toucan**

Le toucan
a un bec long et fort.
Il mange des fruits
et vit dans les forêts
d'Amérique du Sud.

es insectes

le **bourdon**

Le bourdon est un gros insecte noir et jaune de la famille de l'abeille. Comme elle, il butine les fleurs mais il ne pique pas.

la **cigale**

La cigale vit sur les arbres, dans les régions chaudes. Le mâle fait un bruit particulier : c'est le « chant » de la cigale.

la **coccinelle**

Rouge ou jaune avec des points noirs, c'est l'amie du jardinier parce qu'elle dévore les pucerons.

la **fourmi**

Les fourmis vivent dans des nids appelés des « fourmilières » qui sont de véritables villes souterraines. Un seul nid peut abriter jusqu'à 500 000 fourmis !

la **libellule**

La libellule vit au bord de l'eau. Elle vole très vite et se nourrit de petits insectes qu'elle attrape en plein vol.

la **mante religieuse**

La mante religieuse est très vorace. Avec ses grandes et puissantes pattes avant, elle capture les insectes et les empêche de bouger pendant qu'elle les mange.

la **mouche**

Ses gros yeux lui permettent de voir de tous les côtés et sa bouche aspire la nourriture comme une paille.

le **ver luisant**

Les femelles émettent une lumière jaune-vert qui sert à attirer les mâles. C'est cette petite lumière qu'on voit parfois briller la nuit.

le **papillon**

Partout où poussent des plantes, on trouve des papillons, qui vivent soit le jour, soit la nuit. Il en existe 150 000 espèces.

le **perce-oreille**

Le perce-oreille est un insecte nuisible car il mange les plantes et les fleurs des jardins. Il doit son nom aux deux pinces qu'il porte sur l'abdomen.

Les arbres

le **baobab**

Gros arbre d'Afrique,
d'Asie et d'Australie,
le baobab a un tronc
énorme, dont le tour
peut atteindre
une vingtaine
de mètres.

le **bouleau**

On le reconnaît
à son tronc qui est
blanc argenté. Il pousse
dans les pays du Nord
car il supporte bien
le froid.

le **chêne**

Grand arbre des forêts,
le chêne vit très vieux.
Il porte des fruits
qu'on ne mange pas :
ce sont les glands.

le **cyprès**

Il a une jolie forme
de cône et reste
vert toute l'année.
Dans le Midi,
on plante
des rangées
de cyprès pour
arrêter le vent.

l'**eucalyptus**

C'est un grand arbre
qui pousse dans les pays
chauds. Le parfum
de ses feuilles rappelle
celui de la menthe.

l'**érable**

Il existe de nombreuses
variétés d'érables :
le grand érable
qu'on voit en France
ou l'érable à sucre
qui pousse au Canada.

le **palétuvier**

C'est un arbre des marais,
qu'on trouve dans
les régions tropicales.
Ses longues racines
entremêlées sortent
au-dessus de l'eau.

le **marronnier**

Son feuillage forme une
énorme boule. Ses fleurs
fleurissent en grappes.
Ses fruits, les marrons,
ne se mangent pas.

le **peuplier**

C'est un arbre
haut et mince
qui pousse dans
les endroits frais
et humides. Il a
de petites feuilles
et ses fleurs sont
groupées en
chatons.

le **pin parasol**

le **palmier**

Il pousse surtout dans
les pays chauds. Il n'a
pas de branches mais
ses feuilles, les palmes,
sont réunies en bouquet
au sommet du tronc.

le **saule pleureur**

Il pousse près des rivières et des
étangs. Ses branches retombent
tristement vers le sol.

Ce pin doit son nom
à la forme de ses
branches qui s'étalent
comme un parasol.
Ses feuilles en
aiguilles restent
toujours vertes.

le **ravenala**

On l'appelle aussi « l'arbre
du voyageur », car l'eau
de pluie qui s'accumule
à la base de
ses longues feuilles
disposées en éventail
peut être recueillie par
un voyageur assoiffé.

Les fleurs

le **bleuet**

Cette petite fleur bleue
doit son nom à sa couleur.
Elle pousse surtout
dans les champs de blé
et produit un miel
au parfum délicat.

le **bouton-d'or**

Cette fleur des champs
s'appelle aussi
« renoncule des prés ».
Ses pétales jaunes
brillent comme de l'or.

le **coquelicot**

Il pousse
en été dans
les champs.
Ses jolis
pétales rouge vif
sont très fins
et fragiles.

la **glycine**

La glycine est une plante
grimpante. Ses grappes
de fleurs blanches,
roses ou mauves
sont très parfumées.

l'**iris**

L'iris est une grande
fleur bleue, violette,
jaune ou blanche.
Ses feuilles
ont la forme
allongée
d'un ruban.

la **jonquille**

Elle pousse au printemps
dans les bois, les prés
et les jardins.
Ses pétales blancs forment
une collerette autour
d'un petit cornet jaune.

le **nénuphar**

Il pousse dans l'eau douce.
Ses grosses fleurs
entourées de larges
feuilles flottent
à la surface.

le **muguet**

On le cueille au printemps
dans les bois. Ses petites
clochettes blanches sentent
très bon. On dit qu'il porte
bonheur.

l'oiseau de paradis

L'oiseau de paradis est une belle fleur qui provient du sud de l'Afrique. Sa forme et ses couleurs font penser à un oiseau.

la pâquerette

Elle a un cœur jaune et de fins pétales blancs. Elle fleurit dans les champs au printemps et en été.

le pétunia

Cette fleur rose, blanche ou violette décore souvent les balcons.
Ses pétales ont la forme d'un entonnoir.

la pivoine

Ses boutons très serrés deviennent en s'ouvrant de grosses fleurs épanouies au parfum délicat.

la rose

Ses fleurs ont de très jolies couleurs et sentent souvent très bon, mais sa tige est garnie d'épines.

la tulipe

C'est une fleur qui a de longues tiges raides et dont les pétales ont la forme d'un petit gobelet. Elle pousse au printemps.

la violette

La violette est une petite fleur de couleur violette qui pousse au printemps dans les bois. Elle est très parfumée.

le tournesol

C'est une grande fleur jaune qui se tourne vers le soleil. C'est pourquoi on lui donne souvent le nom de « soleil ».

Les fruits

la **banane**

Les bananes poussent, attachées les unes aux autres, sur un bananier.

la **cerise**

Elle est rouge et ronde. Elle a un noyau et une longue queue. C'est le fruit du cerisier.

la **figue**

Sa chair très tendre est remplie de petits grains. C'est le fruit du figuier.

l'**ananas**

Il pousse dans les pays chauds. Sa chair jaune est juteuse et couverte d'une peau épaisse.

les **myrtilles**

Ce sont des petits fruits bleu-noir qui poussent dans les montagnes sur de petits buissons.

le **pamplemousse**

Il ressemble à une grosse orange mais il est jaune ou rosé. C'est le fruit du pamplemoussier.

la **poire**

Elle est jaune ou verte et a une forme allongée. Sa chair est juteuse. C'est le fruit du poirier.

les **fraises des bois**

Ce sont de délicieuses petites fraises parfumées qui poussent dans les bois.

la **pêche**

Elle a un gros noyau et une peau très douce. Son goût est très parfumé. C'est le fruit du pêcher.

la **pomme**

Elle est jaune, verte ou rouge. Sa chair est croquante. C'est le fruit du pommier.

la **pastèque**

Ce gros fruit à pépins noirs, appelé aussi « melon d'eau », peut peser plusieurs kilos. Sa chair rouge est très rafraîchissante.

le **raisin**

Ses grappes sont vertes ou violettes. Il pousse sur un arbuste grimpant qui s'appelle une « vigne ».

Les légumes

l'artichaut

C'est un légume vert et rond, dont on mange le bout des feuilles et le fond. On le cultive en Bretagne.

l'aubergine

Elle a une forme allongée et une peau lisse et violette. Elle pousse dans les régions chaudes.

la carotte

Ce légume long et orange est une racine. On le mange cru ou cuit.

le chou-fleur

Ses fleurs blanches forment une grosse boule ronde au milieu des feuilles. Ce sont les fleurs que l'on mange.

les haricots verts

Ils ont la forme d'une petite tige pendante appelée « gousse ». C'est elle que l'on mange.

les petits pois

Les petits pois sont des légumes à grains ronds et verts enfermés dans une gousse.

la pomme de terre

Elle pousse complètement enfouie dans la terre. C'est un légume très nourrissant.

le poireau

Ses longues feuilles vertes sortent de la terre quand il pousse. Sa base, blanche, reste sous la terre.

le potiron

C'est un énorme légume qui peut peser jusqu'à 100 kilos. Sa peau orange est très épaisse.

le radis

Le radis est rond ou de forme allongée. Sa chair blanche est entourée d'une peau rose et blanche. On le mange cru.

Le corps

un garçon

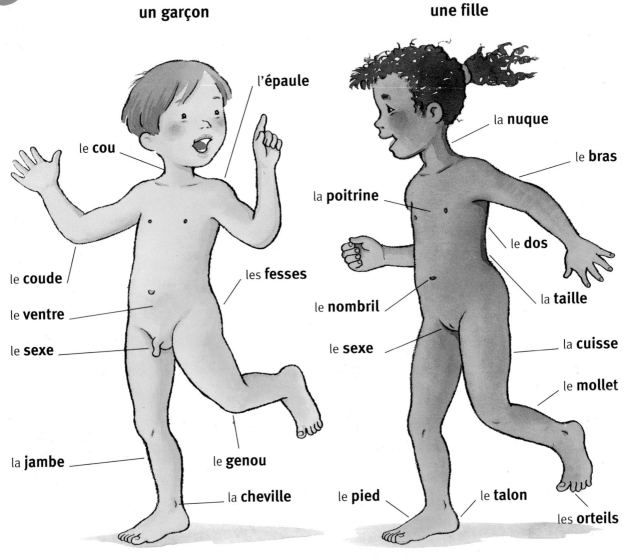

l'**épaule**

le **cou**

le **coude**

le **ventre**

le **sexe**

la **jambe**

les **fesses**

le **genou**

la **cheville**

une fille

la **nuque**

le **bras**

la **poitrine**

le **dos**

le **nombril**

la **taille**

le **sexe**

la **cuisse**

le **mollet**

le **pied**

le **talon**

les **orteils**

le visage

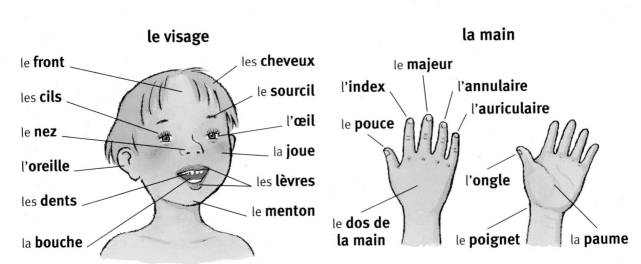

le **front**

les **cils**

le **nez**

l'**oreille**

les **dents**

la **bouche**

les **cheveux**

le **sourcil**

l'**œil**

la **joue**

les **lèvres**

le **menton**

la main

le **majeur**

l'**index**

l'**annulaire**

l'**auriculaire**

le **pouce**

l'**ongle**

le **dos de la main**

le **poignet**

la **paume**

Les vêtements

un **bonnet**

une **écharpe**

un **maillot de bain**

un **chemisier**

un **collant**

une **culotte**

une **robe**

une **salopette**

un **manteau**

un **pull**

des **gants**

une **jupe**

des **bottes**

des **sandales**

des **chaussures**

des **moufles**

une **chemise de nuit**

une **parka**

une **cagoule**

des **chaussons**

une **casquette**

un **pyjama**

une **socquette**

un **tee-shirt**

un **jogging**

un **blouson**

un **slip**

un **short**

un **sweat-shirt**

un **pantalon**

des **baskets**

des **chaussettes**

une **ceinture**

un **caleçon**

Le calendrier

les mois et les saisons

janvier · février · mars · avril · mai · juin

l'hiver — le **printemps**

juillet · août · septembre · octobre · novembre · décembre

l'**été** — l'**automne**

les jours de la semaine

lundi · mardi · mercredi · jeudi · vendredi · samedi · dimanche

La journée

le matin

le **réveil**

le **petit déjeuner**

l'**arrivée à l'école**

en **classe**

le midi

le **déjeuner**

l'après-midi

la **récréation**

le **goûter**

le soir

le **bain**

le **dîner**

le **coucher**

La maison et le jardin

l'antenne de télévision

une **pie**

la **cheminée**

le **grenier**

le **toit**

une **fenêtre**

une **jardinière**

une **chambre**

les **volets**

les **toilettes**

le **palier**

la **salle de bains**

la **cuisine**

l'**escalier**

le **salon**

la **porte**

le **barbecue**

la **salle à manger**

une **table roulante**

le **paillasson**

une **lanterne**

la **terrasse**

des **dalles**

un **arbuste à fleurs**

la **pelouse**

une **haie**

le **portique**

la **balançoire**

une **pelle**

un **tuyau d'arrosage**

le **potager**

une **serre**

une **brouette**

un **massif de fleurs**

le **garage**

une **balancelle**

une **chaise longue**

une **statue**

une **allée**

la **sonnette**

le **portail**

un **bassin**

la **boîte aux lettres**

la **barrière**

277

L'école

l'atelier de peinture

l'alphabet

la bibliothèque

l'horloge

une **maîtresse**

le **tableau**

lundi 10 mars

le **bureau**

une **classe**

un **cheval à ressort**

la **cour de récréation**

une **marelle**

un **sac à dos**

278

un **marronnier**

un **maître**

des **élèves**

le **préau** un **ordinateur**

une **poubelle**

un **banc**

la **cantine** un **chariot**

une **ronde**

un **toboggan**

un **tricycle**

La ville

des **immeubles**

une **cabine téléphonique**

un **arrêt d'autob**

un **bus**

une **enseigne**

un **feu rouge**

PHARMAC

une **vitrine**

des **magasins**

une **ambulance**

un **taxi**

un **passage pour piétons**

un **carrefour**

un **feu vert**

un **vélo**

le **marché**

une **voiture**

des **passants**

280

un **clocher**

une **fontaine**

un **banc**

un **jardin public**

un **lampadaire**

la **mairie**

un **horodateur**

un **agent de police**

un **camion**

un **pigeon**

une **moto**

un **panneau de signalisation**

un **scooter**

une **boîte aux lettres**

une **rue**

un **kiosque à journaux**

la **chaussée**

une **poubelle**

la **poste**

le **trottoir**

Coiffeur Chez Max

MAIRIE

LA POSTE

STOP

LA POSTE

La campagne et la ferme

un **champ de blé**

une **moissonneuse-batteuse**

un **pré**

des **moutons**

un **abreuvoir**

la **maison**

la **fermière**

la **porcherie**

un **dindon**

la **grange**

une **poule**

le **poulailler**

un **clapier**

des **cochons**

des **canards**

des **lapins**

un **coq**

des **poussins**

des **oies**

des **tournesols**

un **tracteur**

une **hirondelle**

des **silos à grains**

un **cheval**

des **vaches**

un **car**

l'**étable**

des **balles de paille**

des **bottes de foin**

un **tas de fumier**

le **fermier**

une **camionnette**

un **rouge-gorge**

un **papillon**

des **coquelicots**

une **clôture**

une **taupe**

La forêt

un **châtaignier**

un **pivert**

une **bécasse**

un **randonneur**

le **chemin**

un **écureuil**

un **pin**

des **bûches**

des **rochers**

une **pomme de pin**

un **renard**

la **bruyère**

284

un **bouleau**

un **chêne**

un **hibou**

un **cerf**

une **biche**

un **faon**

un **noisetier**

des **marcassins**

un **sanglier**

la **mousse**

un **lièvre**

des **fougères**

un **hérisson**

des **champignons**

une **musaraigne**

285

La montagne

un alpiniste

un aigle

une cabine de téléphérique

un glacier

un refuge

des mélèzes

une piste

un remonte-pente

un chalet

des sapins

un télésiège

un bouquetin

HOTEL

un chamois

des skieurs

une patinoire

un canon à neige

une marmotte

un surfeur

des edelweiss

286

La mer

une **mouette**

un **goéland**

une **falaise**

un **phare**

un **voilier**

un **bateau**

des **cabines**

une **planche à voile**

le **port**

des **baigneurs**

un **parasol**

un **maître nageur**

un **château de sable**

la **plage**

la **crème solaire**

les **rochers**

une **serviette de bain**

les **algues**

une **bouée**

une **étoile de mer**

une **épuisette**

un **crabe**

des **moules**

des **bigorneaux**

des **patelles**

un **bernard-l'ermite**

des **palourdes**

N° de projet: 10082745 (I) 55 (CSBTS 115)
Photogravure : Euronumérique
Imprimerie : Officine Grafiche de Agostini
Dépôt légal : Mars 2002
Imprimé en italie (Printed in Italy)
532 051 - 01 mars 2002

pour **Chloé**

pour **Gabrielle et Julia**

pour **Tom**

pour **Amélie**

pour **Aline**

pour **Mathilde et Gauthier**

pour **Aurèle**

pour **Jean et Camille**

pour **Loan et Romain**

pour **Louis**

pour **Marion**

pour **Zoé**

pour **Annaelle**

pour **Guillaume et Éloïse**

pour **Thomas et Mathis**

pour **Nadia et Ulysse**

pour **Mathias**

pour **Basile et Paul**

pour **Alexis**

pour **Laura**

pour **Vincent**

pour **Théa et Henry**

pour **Aziz et Mélia**

pour **Margaux et Arthur**

pour **Victoire**

pour **Lola**

pour **Jeanne**

pour **Gaëlle**